Brazil

Parque Nacional da Serra dos Órgãos, Rio de Janeiro
Serra dos Órgãos National Park, Rio de Janeiro

Brazil

Brésil

Brasilien

Brasil

Brazilië

Katja Sassmannshausen
Ellen Spielmann

PAISAGEM

ÉDITIONS PLACE DES VICTOIRES

KÖNEMANN

Cataratas do Iguaçu, Paraná
Iguazu Falls, Paraná

Armação dos Búzios, Costa do Sol, Rio de Janeiro

Parque Nacional da Chapada dos Guimarães, Mato Grosso
Chapada dos Guimarães National Park, Mato Grosso

Parque Nacional dos Lençóis Maranhenses, Maranhão
Lençóis Maranhenses National Park, Maranhão

Morro de São Paulo, Ilha de Tinharé, Cairu, Bahia

Onça-pintada
Jaguar

Contents · Sommaire · Inhalt · Índice · Inhoud

Brazil

With an area of 8.5 million km^2 (3.2 million square miles), Brazil equals the size of Australia, stretching from the equator in the north to the 33rd parallel in the south. Half of South America speaks Portuguese, as the country covers half the continent. Its name comes from brasil, the valuable Brazilwood, which was the first export product of the Portuguese colony. It is difficult to define Brazil as a country, it is rather the sum of countries with very different characteristics such as the Amazon region with the longest river and the largest rainforest in the world, and Rio de Janeiro with its legendary carnival and famous beaches. In addition, there are natural wonders such as the mighty Iguaçu waterfalls on the border with Argentina and the marshland Pantanal with its unique variety of plants and animals in the west, as well as the magical desert landscape Sertão in the northeast. Brazil is considered a country of stark differences, besides the jewels of the colonial past, the baroque towns in Minas Gerais, there is the modern star architecture in the capital Brasília.

As a result of slavery, Brazil is now the country with the largest black population after Nigeria. A gradual mixing of the different tribal groups and with the Indian and white population finds its expression in the distinctive festival culture: The Afro-Brazilian cults in Bahia, religious colorful parades with Frevo and Forró music and dance in the northeast, rodeos in the west. Brazilians take note above all of the happy moments in life and of the saying: God is Brazilian.

Brésil

Avec un territoire de 8,5 millions de km^2, le Brésil dispose d'une superficie identique à celle de l'Australie et s'étend, du nord au sud, de l'équateur au 33ᵉ parallèle. C'est ainsi que la moitié de l'Amérique du Sud parle portugais, puisque le pays occupe la moitié du sous-continent. Son nom provient du bois-brésil (autre nom du pernambouc), qui fut le premier produit d'exportation de la colonie portugaise. Le Brésil se laisse difficilement envisager comme un unique pays. Il correspond plutôt à la somme de plusieurs territoires aux caractéristiques les plus diverses, de la région de l'Amazone, qui comporte le plus long fleuve et la plus vaste forêt humide du monde, à Rio de Janeiro, son légendaire carnaval et ses plages célèbres. Le pays est doté de nombreuses merveilles de la nature : puissantes chutes d'eau d'Iguaçu à la frontière avec l'Argentine, région marécageuse du Pantanal, dont la faune et la flore offrent une diversité unique, ou encore région désertique magique de Sertão dans le Nordeste. Le Brésil est la nation des contrastes extrêmes, celui des joyaux de l'époque coloniale, des petites villes baroques de Minas Gerais, mais également des créations des « starchitectes » de sa capitale Brasília.

Conséquence de son histoire esclavagiste, le Brésil compte parmi la plus importante population noire, après le Nigéria. La fusion progressive des différents groupes ethniques, y compris avec les peuples d'origine indienne et européenne, trouve sa plus belle expression dans sa remarquable culture festive : culte afro-brésilien de Bahia, cortèges religieux colorés accompagnés de musique et de danse frevo et forró dans la région du Nordeste, rodéos dans l'Ouest. Les Brésiliens sont particulièrement attentifs aux instants heureux de la vie et misent sur la maxime selon laquelle Dieu serait brésilien.

Brasilien

Mit einer Fläche von 8,5 Millionen km^2 erreicht Brasilien die Größe Australiens, erstreckt sich vom Äquator im Norden bis zum 33. Breitengrad im Süden. Die Hälfte Südamerikas spricht portugiesisch, denn das Land umfasst den halben Kontinent. Sein Name stammt von brasil, dem edlen Brasilholz. Es war das erste Exportprodukt der portugiesischen Kolonie. Brasilien lässt sich schwerlich als ein Land fassen, es ist vielmehr die Summe von Ländern mit ganz verschiedenen Charakteristiken: Das Amazonasgebiet mit dem längsten Fluss und dem größten Regenwald der Welt, Rio de Janeiro mit seinem legendären Karneval und den berühmten Stränden. Hinzu kommen die Naturwunder, wie die gewaltigen Iguaçu-Wasserfälle an der Grenze zu Argentinien und das Sumpfland Pantanal mit seiner einzigartigen Vielfalt an Pflanzen und Tieren im Westen, sowie die magische Wüstenlandschaft Sertão im Nordosten. Brasilien gilt als Land der krassen Unterschiede: Neben den Schmuckstücken der kolonialen Vergangenheit, den Barockstädtchen in Minas Gerais, gibt es die moderne Stararchitektur in der Hauptstadt Brasília.

Infolge der Sklaverei ist Brasilien heute nach Nigeria das Land mit der größten schwarzen Bevölkerung. Eine allmähliche Vermischung der verschiedenen Stammesgruppen und mit der indianischen und weißen Bevölkerung findet ihren Ausdruck in der ausgeprägten Festkultur: die afro-brasilianischen Kulte in Bahia, religiöse bunte Umzüge mit Frevo- und Forró- Musik- und Tanz im Nordosten, Rodeos im Westen. Brasilianer sehen vor allem die glücklichen Augenblicke im Leben und setzen auf die Weisheit: Gott ist Brasilianer.

Índio xikrin
Xikrin man

Carnaval do Rio de Janeiro
Rio Carnival

Brasil

Con una superficie de 8,5 millones de km^2, Brasil alcanza el tamaño de Australia, extendiéndose desde el ecuador en el norte hasta el grado de latitud 33 en el sur. En la mitad de Sudamérica se habla portugués, ya que Brasil cubre la mitad del continente. Su nombre proviene de brasil, la madera noble de Brasil, que fue el primer producto de exportación de la colonia portuguesa. Es difícil definir Brasil como un país; es más bien la suma de una serie de países con características muy diferentes: la región amazónica con el río más largo y la selva tropical más grande del mundo, Río de Janeiro con su legendario carnaval y sus famosas playas. Además, hay maravillas naturales como las poderosas cataratas de Iguazú en la frontera con Argentina y el Pantanal de los pantanos con su variedad única de plantas y animales en el oeste, así como el mágico paisaje desértico del Sertão en el noreste. Brasil es considerado un país de marcadas diferencias: además de las joyas del pasado colonial, las ciudades barrocas de Minas Gerais, existe la arquitectura estelar moderna en la capital, Brasilia.

Como resultado de la esclavitud, Brasil es ahora el país con la mayor población negra después de Nigeria. Una mezcla gradual de los diferentes grupos tribales y con la población india y blanca encuentra su expresión en la cultura característica del festival: los cultos afrobrasileños en Bahía, coloridos desfiles religiosos con música y danza Frevo y Forró en el noreste, rodeos en el oeste. Los brasileños ven sobre todo los momentos felices de la vida y confían en la sabiduría: Dios es brasileño.

Brasil

Com uma área de 8,5 milhões de km^2, o Brasil atinge o tamanho da Austrália, estendendo-se desde o equador no norte até o paralelo no 33° grau sul. A metade da América do Sul fala português, pois o país cobre a metade do continente. Seu nome vem do pau-brasil, a nobre madeira do Brasil. Foi o primeiro produto de exportação da colónia portuguesa. É difícil definir o Brasil como um país, antes de tudo é a soma de países com características muito diferentes: a região amazônica com o maior rio e a maior floresta tropical do mundo, o Rio de Janeiro com seu lendário carnaval e suas famosas praias. Além disso, há maravilhas naturais como as imponentes Cataratas do Iguaçu na fronteira com a Argentina e a zona do Pantanal com sua variedade única de plantas e animais no oeste, bem como a mágica paisagem desértica do Sertão no nordeste. O Brasil é considerado um país de grandes diferenças: além das jóias do passado colonial, das cidades barrocas de Minas Gerais, há a moderna arquitetura estelar na capital Brasília.

Como resultado da escravidão, o Brasil é hoje o país com a maior população negra depois da Nigéria. Uma mistura gradual dos diferentes grupos tribais e com as populações indígena e branca encontra sua expressão na notável cultura festiva: cultos afro-brasileiros na Bahia, desfiles religiosos coloridos com música e dança de Frevo e Forró no nordeste, rodeios no oeste. Os brasileiros vêem acima de tudo os momentos felizes da vida e acreditam no ditado popular que "Deus é brasileiro".

Brazilië

Met een oppervlakte van 8,5 miljoen km^2 is Brazilië net zo groot als Australië en strekt zich vanaf de evenaar in het noorden uit tot de 33ste breedtegraad in het zuiden. De helft van Zuid-Amerika spreekt Portugees, want het land beslaat het halve continent. De naam stamt van brasil, het hout van de Brazielboom. Dat was het eerste exportproduct van de Portugese kolonie. Het is moeilijk om Brazilië als land te definiëren, het is eerder de som van landen met totaal verschillende kenmerken: het Amazonegebied met de langste rivier en het grootste regenwoud ter wereld, Rio de Janeiro met zijn legendarische carnaval en de beroemde stranden. Daarnaast zijn er de natuurwonderen zoals de machtige watervallen van de Iguaçu op de grens met Argentinië en het moerasgebied Pantanal met zijn unieke verscheidenheid aan planten en dieren in het westen én het magische woestijnlandschap Sertão in het noordoosten. Brazilië wordt beschouwd als een land met grote verschillen: naast de pronkstukken uit het koloniale verleden, de barokke steden in Minas Gerais, is er de moderne toparchitectuur in de hoofdstad Brasilia.

Als gevolg van de slavernij is Brazilië na Nigeria nu het land met de grootste zwarte bevolking. Een geleidelijke vermenging van de verschillende stamgroepen met de indiaanse en blanke bevolking komt tot uiting in de uitgesproken feestcultuur: de Afro-Braziliaanse feestelijkheden in Bahia, religieuze kleurrijke optochten met muziek- en danssoorten als de Frevo en Forró in het noordoosten en rodeo's in het westen. Brazilianen zien vooral de gelukkige momenten in het leven en vertrouwen op de wijsheid: God is Braziliaan.

Amazonas

Floresta Amazônica
Amazon rainforest

Floresta Amazônica
Amazon rainforest

Amazonas
With 1.56 million km² (606,500 sq mi), the country's largest federal state is characterized by the Amazon River and the tropical rainforest, which accounts for 80 percent of the area. In the north it borders on the mountains of Guyana and Venezuela, in the west on Peru and Colombia. Until the 18th century, the Amazon basin was spared the settlement and Christianization of the indigenous peoples.

Amazonas
Le plus vaste État fédéré du Brésil, dont la superficie couvre 1,56 million de km², est marqué par la présence du fleuve Amazone et de la forêt humide tropicale, qui occupe 80 % de son territoire. Il est bordé au nord par les régions montagneuses du Guyana et du Venezuela et à l'ouest par le Pérou et la Colombie. Le bassin de l'Amazone a échappé jusqu'au XVIIIe siècle à l'occupation et à la christianisation des populations autochtones.

Amazonas
Der mit 1,56 Millionen km² größte Bundesstaat des Landes ist geprägt vom Amazonas-Fluss und dem tropischen Regenwald, der 80 Prozent der Fläche ausmacht. Im Norden grenzt er an das Bergland von Guayana und Venezuela, im Westen an Peru und Kolumbien. Bis ins 18. Jahrhundert blieb das Amazonasbecken von Besiedlung und Christianisierung der Ureinwohner verschont.

Amazonas
Con 1,56 millones de km², el estado federal más grande del país se caracteriza por el río Amazonas y la selva tropical, que representa el 80 por ciento del área. Al norte limita con las montañas de Guyana y Venezuela, y al oeste con Perú y Colombia. La cuenca amazónica se salvó de la colonización y cristianización de los pueblos indígenas hasta el siglo XVIII.

Amazonas
Com 1,56 milhões de km², o maior estado federal do país é caracterizado pelo Rio Amazonas e pela floresta tropical, que representa 80 por cento da área. No norte faz fronteira com as montanhas da Guiana e com a Venezuela, no oeste com o Peru e a Colômbia. Até o século XVIII, a bacia amazônica foi poupada da colonização e da cristianização dos povos indígenas.

Amazonas
De met 1,56 miljoen km² grootste deelstaat van het land wordt gekenmerkt door de rivier de Amazone en het tropisch regenwoud dat 80 procent van het gebied beslaat. In het noorden grenst het aan het bergland van Guyana en Venezuela, in het westen aan Peru en Colombia. Tot de 18e eeuw bleef het Amazonebekken verschoond van kolonisatie en christianisatie van de oerinwoners.

Árvore Samaúma
Kapok

Floresta Amazônica
Amazon rainforest

Seringueiro
Rubber tapping

Latex extraction
In the 19th century, Amazonia experienced a rubber boom that lasted until 1920. But it only brought great wealth to businessmen. Today there are 60,000 Sergingueiros in northern Brazil, who collect the milky juice - latex - in the jungle. The 20 m (65 ft) high tree is cut and the juice flows slowly into a container. In three to four days approx. 20 l (5.2 gal) latex can be obtained. Heated on the fire, large bales of raw rubber are formed, which are sold on the market and processed in larger towns. But the yield is not enough to live on, and rubber tappers also work as farmers and fishermen.

Récolte du latex
Au XIXe siècle, l'Amazonie profita de l'essor du caoutchouc jusqu'en 1920. Seuls les négociants en retirèrent cependant une grande richesse. Aujourd'hui, le nord du Brésil compte 60 000 *seringueiros*, chargés de récolter le latex dans la forêt tropicale : ils recueillent la sève laiteuse en incisant les troncs. Chaque arbre, qui atteint 20 m de haut, produit environ 20 litres en trois ou quatre jours. Transformé en grosses balles sous l'action du feu, le caoutchouc brut est vendu sur le marché, puis transformé dans les grandes agglomérations. Leur revenu étant insuffisant, les récoltants sont également pêcheurs et cultivateurs.

Latexgewinnung
Im 19. Jahrhundert erlebte Amazonien einen Kautschukboom, der bis 1920 anhielt. Er bescherte aber nur Geschäftsleuten großen Reichtum. Heute gibt es 60 000 Sergingueiros in Nordbrasilien. Sie sammeln den milchigen Saft – Latex – im Urwald. Der 20 m hohe Baum wird angeschnitten und der Saft fließt langsam in einen Behälter. In drei bis vier Tagen können ca. 20 l Latex gewonnen werden. Auf dem Feuer erhitzt, entstehen große Ballen aus Rohkautschuk, die auf dem Markt verkauft und in größeren Orten verarbeitet werden. Doch der Ertrag reicht nicht zum Leben, zusätzlich arbeiten Gummizapfer als Bauern und Fischer.

Floresta Amazônica
Amazon rainforest

Extracción de látex
En el siglo XIX, la Amazonia experimentó un auge del caucho que duró hasta 1920. Pero solo trajo gran riqueza a los hombres de negocios. Hoy en día hay 60 000 sergingueiras en el norte de Brasil. Recogen el jugo lechoso (látex) en la selva. Se corta el árbol de 20 m de altura y el jugo fluye lentamente a un recipiente. En tres o cuatro días se pueden extraer aprox. 20 l de látex. Calentados por el fuego, se forman grandes fardos de caucho crudo, que se venden en el mercado y se procesan en las ciudades más grandes. Pero el rendimiento no es suficiente para vivir, y los extractores de caucho también trabajan como agricultores y pescadores.

Extração de látex
No século XIX, a Amazônia vivenciou o ciclo da borracha que durou até 1920. Mas só trouxe grande riqueza aos homens de negócios. Hoje existem 60.000 seringueiros no norte do Brasil. Eles recolhem o líquido lácteo - látex - na selva. A árvore de 20 m de altura é cortada e o líquido branco flui lentamente para um recipiente. Em três a quatro dias podem ser obtidos aproximadamente 20 litros de látex. Aquecidos no fogo, são produzidos grandes fardos de borracha bruta, que são vendidos no mercado e processados nas grandes cidades. Mas o rendimento não é suficiente para se viver, e os seringueiros também trabalham como agricultores e pescadores.

Winning van latex
In de 19e eeuw beleefde het Amazonegebied een opbloei van rubber die tot 1920 duurde. Deze leverde echter alleen grote rijkdom voor zakenmensen op. Tegenwoordig zijn er 60.000 seringueiros in het noorden van Brazilië. Ze verzamelen het melkachtige sap - latex - in het oerwoud. De 20 m hoge boom wordt opengesneden en het sap stroomt langzaam in een bakje. In drie tot vier dagen kan er ca. 20 l latex worden gewonnen. Verwarmd op het vuur ontstaan grote balen ruw rubber die op de markt worden verkocht en in grotere plaatsen worden verwerkt. Maar de opbrengst is niet voldoende om van te leven: de rubbertappers werken daarnaast ook als boeren en vissers.

Floresta Amazônica
Amazon rainforest

Biodiversity
The Amazon rainforest is a tropical biotope with 16,000 tree species. There are 1,000 different rubber trees alone, as well as colored and precious woods such as rosewood or mahogany – 10,000 different wood species are estimated - plus 1,000 species of ferns and orchids. There are also spice and fruit trees such as guaraná. The climbing plant from the Sapindaceae family is considered to be the caffeine of the primeval forest. The seeds of the fruits contain three to five percent caffeine.

Biodiversité
La forêt humide de l'Amazonas est un biotope tropical qui possède 16 000 variétés d'arbres. Parmi elles, on dénombre 1 000 variétés d'hévéas, ainsi que des essences de bois colorées et précieuses, dont le palissandre et l'acajou (environ 10 000 espèces estimées), auxquelles s'ajoutent 1 000 espèces de fougères et d'orchidées. La forêt abrite également des arbres à épices et des arbres fruitiers tels que le guarana. Cette plante grimpante de la famille des Sapindacées est réputée pour ses effets stimulants, puisque les graines de ses fruits renferment 3 à 5 % de caféine.

Artenvielfalt
Der Amazonas-Regenwald ist ein tropisches Biotop, das mit 16000 Baumarten aufwartet. Es gibt allein 1000 verschiedene Gummibäume, daneben Farb- und Edelhölzer wie Palisander oder Mahagoni – 10 000 verschiedene Holzarten lautet die Schätzung – dazu kommen 1000 Arten von Farnen und Orchideen. Außerdem wachsen Gewürz- und Fruchtbäume wie Guaraná. Die Schlingpflanze aus der Familie der Sapindaceen gilt als das Koffein des Urwalds. Die Samen der Früchte enthalten drei bis fünf Prozent Koffein.

Biodiversidad
La selva amazónica es un biotopo tropical con 16000 especies de árboles. Solo en la zona hay 1000 árboles de caucho diferentes, así como maderas de colores y preciosas como el palo de rosa o la caoba (se estiman 10 000 especies diferentes de maderas) y otras 1000 especies de helechos y orquídeas. También hay especias y árboles frutales como el guaraná. La planta trepadora de la familia de las sapindáceas es considerada como la cafeína del bosque primitivo. Las semillas de las frutas contienen de un tres a un cinco por ciento de cafeína.

Biodiversidade
A Floresta Amazônica é um biótopo tropical com 16000 espécies de árvores. Só as seringueiras são em torno de 1000 diferentes, encontramos também madeiras coloridas e preciosas como o pau-rosa ou o mogno - calcula-se que existam 10 000 espécies de madeiras diferentes – além disso mais 1000 espécies de samambaias e orquídeas. Há também árvores de especiarias e frutas como o guaraná. Esta planta trepadeira da família Sapindaceae é considerada a cafeína da floresta primitiva. As sementes dos frutos contêm três a cinco por cento de cafeína.

Biodiversiteit
Het Amazoneregenwoud is een tropische biotoop met 16000 boomsoorten. Er zijn alleen al 1000 verschillende rubberbomen, daarnaast gekleurde en kostbare houtsoorten zoals palissander- of mahoniehout. Naar schatting 10.000 verschillende houtsoorten. Daar komen nog 1000 soorten varens en orchideeën bij. Bovendien groeien er kruiden- en fruitbomen zoals de guaraná. De klimplant uit de zeepboomfamilie (sapindaceae) wordt beschouwd als de cafeïne van het oerwoud. De zaden van de vruchten bevatten drie tot vijf procent cafeïne.

Floresta Amazônica
Amazon rainforest

Árvore Samaúma
Kapok

Jungle giants
Kapok trees can reach a height of over 60 m (196 ft) and have a trunk of 3 m (9.8 ft) in diameter. These giants, with their enormous roots, can live for 500 years. Some Indian groups believe that the kapok is inhabited by ghosts. It is also called the tree of life or the tree of the world, which symbolizes the individual stages of mankind.

Géants de la forêt primaire
Les arbres à kapok peuvent pousser jusqu'à plus de 60 m de haut et leur tronc mesurer jusqu'à 3 m de diamètre. Ces géants dotés d'exceptionnelles racines peuvent vivre jusqu'à 500 ans. Pour de nombreuses tribus indiennes, l'arbre à kapok était la demeure des esprits. Il est également surnommé « arbre de vie » ou « arbre des mondes », car il symbolise les diverses étapes de l'humanité.

Urwaldriesen
Kapokbäume können eine Höhe von über 60 m erreichen und einen Stamm von 3 m Durchmesser haben. Bis zu 500 Jahre leben diese Giganten mit den enormen Wurzeln. Manche Indianergruppen glauben der Kapok sei von Geistern bewohnt. Er wird auch als Lebens- oder Weltenbaum bezeichnet, der die einzelnen Etappen der Menschheit symbolisiert.

Gigantes de la selva
Los árboles de ceiba pueden alcanzar una altura de más de 60 m y tienen un tronco de 3 m de diámetro. Estos gigantes viven hasta 500 años y sus raíces son enormes. Algunos grupos indígenas creen que el kapok está habitado por fantasmas. También se le llama el árbol de la vida o el árbol del mundo, que simboliza las etapas individuales de la humanidad.

Gigantes da selva
As samaúmas são árvores, que podem atingir uma altura de mais de 60 m e ter um tronco de 3 m de diâmetro. Estes gigantes podem viver até 500 anos com as suas enormes raízes. Alguns grupos indígenas acreditam que a sumaúma é habitada por espíritos. É também chamada de "árvore da vida" ou "árvore do mundo", a qual simboliza cada etapa da humanidade.

Oerwoudreuzen
Kapokbomen kunnen hoger dan 60 m worden en hebben een stam van 3 m diameter. Deze reuzen met hun enorme wortels leven tot 500 jaar. Sommige indiaanse groepen geloven dat de kapok bewoond wordt door geesten. Hij wordt ook wel als levensboom of de wereldboom beschouwd die de afzonderlijke stadia van de mensheid symboliseert.

Árvore Samaúma
Kapok

Jaguar
The most majestic animal of the Amazon lives in the evergreen rainforest: The spotted jaguar (Onça pintada). For many indigenous people it is a sacred animal, only chiefs were allowed to wear its claws and fur as jewelry. The jaguar does not have natural enemies, it is threatened above all by the increasing destruction of the rainforest by humans.

Jaguar
Dans la forêt humide sempervirente vit l'animal le plus majestueux de l'Amazonas : le jaguar (*onça pintada*) à la robe tachetée. Pour de nombreux autochtones, il est sacré et seuls les chefs sont autorisés à se parer de son crâne et de sa fourrure. Le jaguar ne compte aucun prédateur naturel, mais est essentiellement menacé par la destruction de son espace vital par les hommes.

Jaguar
Im immergrünen Regenwald lebt das majestätischste Tier des Amazonas: der gefleckte Jaguar (Onça pintada). Für viele Ureinwohner ist er ein heiliges Tier, nur Häuptlinge durften Krallen und Fell als Schmuck tragen. Natürliche Feinde hat der Jaguar nicht, bedroht ist er vor allem durch die zunehmende Vernichtung des Regenwaldes durch den Menschen.

Jaguar
El animal más majestuoso de la Amazonía, el jaguar manchado (Onça pintada) vive en la selva siempre verde. Para muchos indígenas es un animal sagrado, y solo a los jefes se les permite usar garras y pieles como joyas. El jaguar no tiene enemigos naturales; está amenazado sobre todo por la creciente destrucción de la selva por parte del hombre.

Onça-pintada
Na floresta tropical sempre verdejante vive o animal mais majestoso da Amazônia: a onça- pintada. Para muitos povos indígenas é um animal sagrado, só os chefes das tribos podiam usar suas garras e peles como adornos. A onça-pintada não tem inimigos naturais, é ameaçada pelos homens, sobretudo pela crescente destruição da floresta tropical.

Jaguar
In het altijd groene regenwoud leeft het meest majestueuze dier van Amazonas: de gevlekte jaguar (onça pintada). Voor veel inheemse volken is het een heilig dier, alleen opperhoofden mochten klauwen en bont als juwelen dragen. De jaguar heeft geen natuurlijke vijanden, maar wordt vooral bedreigd door de toenemende vernietiging van het regenwoud door de mens.

Floresta Amazônica
Amazon rainforest

Multi-level growth
Daily rain, which drastically increases in the rainy season in spring and autumn, and tropical temperatures enable the enormous growth of trees and plants. Branches and leaves of rainforest trees start at a height of 20 m (65 ft), but in the lower levels the proximity to the ground and its nutrients provides for lush foliage. Lianas, epiphytic plants, philodendrons and giant ferns thrive here. They form an ideal habitat for a variety of plant and animal life. On river banks, the lowest level is usually an impenetrable undergrowth of roots and plants.

Les étages de la forêt
Les précipitations quotidiennes, qui augmentent spectaculairement au printemps et en automne, et les températures tropicales stimulent la formidable croissance des arbres et autres végétaux. Les branches et le feuillage de la forêt humide ne poussent qu'à 20 m du sol, mais dans les étages inférieurs, la proximité de la terre et de ses nutriments assure le développement d'une végétation luxuriante composée de lianes, d'épiphytes, de philodendrons et de fougères géantes. Elle constitue l'habitat idéal d'une faune et d'une flore variées. Sur les rives du fleuve, cet étage prend souvent la forme d'un sous-bois impénétrable de racines et de végétaux.

Stockwerkbau
Täglicher Regen, der in der Regenzeit im Frühjahr und im Herbst drastisch zunimmt und tropische Temperaturen ermöglichen das gewaltige Wachstum von Bäumen und Pflanzen. Äste und Blätter der Regenwaldbäume beginnen erst bei 20 m Höhe, aber in den unteren Stockwerken sorgt die Nähe zum Boden und seinen Nährstoffen für üppigen Blattwuchs. Hier gedeihen Lianen, Aufsitzerpflanzen, Philodendron und Riesenfarne. Sie bilden ein ideales Habitat für eine Vielzahl von pflanzlichen und tierischen Lebewesen. An Flussufern ist das unterste Stockwerk meist ein undurchdringliches Unterholz aus Wurzeln und Pflanzen.

Floresta Amazônica
Amazon rainforest

Edificio de pisos

Las lluvias diarias, que aumentan drásticamente en la temporada de lluvias en primavera y otoño, y las temperaturas tropicales permiten el enorme crecimiento de árboles y plantas. Las ramas y hojas de los árboles de la selva tropical comienzan a una altura de 20 m, pero más abajo la proximidad al suelo y sus nutrientes proporcionan un follaje exuberante. Aquí prosperan lianas, plantas epifitas, filodendros y helechos gigantes. Forman un hábitat ideal para una gran variedad de vida animal y vegetal. En las orillas de los ríos, el suelo más bajo suele ser un sotobosque impenetrable de raíces y plantas.

Edifício de vários andares

A chuva diária, que aumenta drasticamente na estação chuvosa na primavera e no outono, e as temperaturas tropicais permitem o crescimento enorme de árvores e plantas. Os galhos e folhas das árvores da floresta tropical começam apenas a uma altura de 20 m, mas nos andares inferiores a proximidade com o solo e seus nutrientes proporcionam uma folhagem exuberante. Cipós, plantas epífitas, filodendros e samambaias gigantes prosperam aqui. Eles formam um habitat ideal para uma variedade de vida vegetal. Nas margens dos rios, o piso mais baixo encontra-se geralmente uma vegetação rasteira impenetrável de raízes e plantas.

Verdiepingenbouw

De dagelijkse regen, die in het regenseizoen in het voor- en najaar drastisch toeneemt plus de tropische temperaturen zorgen voor een enorme groei van bomen en planten. Takken en bladeren van regenwoudbomen beginnen pas op een hoogte van 20 m, maar in de lagere verdiepingen zorgt de nabijheid van de grond en zijn voedingsstoffen voor een weelderige bladgroei. Hier gedijen lianen, epifytische planten, philodendrons en reuzenvarens. Ze vormen een ideale woonomgeving voor een groot aantal plantaardige en dierlijke levende wezens. Aan de oevers van de rivier bestaat de laagste verdieping meestal uit een ondoordringbare ondergroei van wortels en planten.

Sapo de árvore
Javan mossy tree frog

Preguiças-de-três-dedos
Three-toed sloth

Tucanuçu
Toco toucan

Sagui-imperador
Emperor tamarin

Macaco-de-cheiro
Squirrel monkey

Primates
60 percent of South America's total of 156 monkey species live in the Brazilian Amazon region. The squirrel monkey, a 30 cm (10.6 in) tall, very agile animal, is widespread. The Emperor Tamarin (Saguinus imperator) owes its name to its facial coloring, which is said to resemble the moustache of the German Emperor Wilhelm II.

Primates
En Amérique du Sud, 60 % des 156 espèces de singes habitent dans la région amazonienne au Brésil. Les saïmiris, espèce extrêmement agile de 30 cm, sont très répandus. Le tamarin empereur *(saguinus imperator)* doit son nom à la coloration caractéristique de son visage qui évoquerait les moustaches de l'empereur allemand Guillaume II.

Primaten
60 Prozent der insgesamt 156 Affenarten Südamerikas leben im brasilianischen Amazonasgebiet. Weit verbreitet ist der Totenkopfaffe, ein 30 cm großes, sehr flinkes Tier. Der Kaiserschnurrbarttamarin (Saguinus imperator) verdankt seinen Namen seiner Gesichtsfärbung, die dem Schnurrbart des deutschen Kaisers Wilhelm II. ähneln soll.

Primates
El 60 por ciento de un total de 156 especies de monos de América del Sur viven en la región amazónica brasileña. El mono ardilla, un animal de 30 cm de altura y de gran agilidad, está muy extendido. El tamarino bigotudo o tití emperador (Saguinus imperator) debe su nombre a su coloración facial, que se dice que se parece al bigote del emperador alemán Guillermo II.

Primatas
60% das 156 espécies de macacos da América do Sul vivem na região da Amazônia brasileira. O macaco-esquilo, um animal de 30 cm de altura, muito ágil, é muito comum. O sagui-imperador (Saguinus imperator) deve o seu nome à sua coloração facial, que se diz assemelhar ao bigode do imperador alemão Wilhelm II.

Primaten
60 procent van de in totaal 156 apensoorten in Zuid-Amerika leven in het Braziliaanse Amazonegebied. Wijdverbreid is het hoofdaapje, een 30 cm groot en zeer flink dier. De keizertamarin (Saguinus imperator) dankt zijn naam aan zijn gelaatskleur die naar verluidt lijkt op de snor van de Duitse keizer Wilhelm II.

Guaruba
Golden Parakeet

Golden Parakeet
The Guaruba ("yellow bird") has its name from the Tupi Indians, whose state animal it is. It belongs to the family of parrots and was already mentioned in travel reports in the 17th century. Its plumage is golden yellow except for the deep green wingtips. The parrot, which is threatened with extinction, is therefore also considered as the national bird of Brazil.

Conure dorée
La conure dorée, appelée *guaruba* (oiseau jaune) en portugais, doit son nom aux Indiens Tupis, dont elle est l'animal héraldique. Elle fait partie de la famille des perroquets et figurait déjà dans les récits de voyages du XVIIe siècle. Son plumage est entièrement jaune doré, à l'exception de la pointe de ses ailes vert foncé. Menacée d'extinction, elle est également l'oiseau national du Brésil.

Goldsittich
Der Guaruba („gelber Vogel") hat seinen Namen von den Tupi-Indianern, deren Wappentier er ist. Er gehört zur Familie der Papageien und fand schon im 17. Jahrhundert Erwähnung in Reiseberichten. Sein Gefieder ist bis auf die tiefgrünen Flügelspitzen goldgelb. Der vom Aussterben bedrohte Papagei gilt deshalb auch als Nationalvogel Brasiliens.

Guacamayo guaruba
Al guacamayo guaruba («pájaro amarillo») le dieron su nombre los indios Tupí, de los que es su animal heráldico. Pertenece a la familia de los loros y ya fue mencionado en los informes de viaje en el siglo XVII. Su plumaje es de color amarillo dorado, excepto por las puntas de las alas, que son de color verde intenso. Por eso, este loro en peligro de extinción es también considerado como ave nacional de Brasil.

Periquito-dourado
O Guaruba ("pássaro amarelo") teve o seu nome atribuído pelos índios Tupi, do qual é um animal heráldico. Ele pertence à família dos papagaios e já tinha sido mencionado no século XVII em relatórios de viagens. Sua plumagem é amarelo-dourada, exceto pelas pontas das asas verdes-escuras. O papagaio ameaçado de extinção é, portanto, também considerado como ave nacional do Brasil.

Goudparkiet
De guaruba ("gele vogel") heeft zijn naam te danken aan de Tupi-indianen die het dier als wapendier gebruiken. Het behoort tot de papegaaienfamilie en werd al in de 17e eeuw in reisverslagen vermeld. Zijn verenkleed is met uitzondering van de diepgroene vleugeluiteinden goudgeel. De door de uitsterven bedreigde papegaai geldt daarom ook als nationale vogel van Brazilië.

Guaruba
Golden Parakeet

Rio Negro
The "black river" is 2,253 km (1,400 miles) long and is considered the second largest tributary river in the world. It has its source in Colombia, forms the border between Colombia and Venezuela, flows through Brazil, crosses the equator and flows into the Amazon in Manaus.

Río Negro
Le « fleuve noir » parcourt 2 253 km et est considéré comme le second plus grand affluent du monde. Il prend sa source en Colombie, trace la frontière entre ce pays et le Venezuela, traverse le Brésil, en passant par l'équateur, et se jette dans l'Amazone après Manaus.

Rio Negro
Der „schwarze Fluss" ist 2253 km lang und gilt als der zweitgrößte Nebenfluss weltweit. Er entspringt in Kolumbien, bildet die Grenze zwischen Kolumbien und Venezuela, fließt durch Brasilien, überquert dort den Äquator und mündet nach Manaus in den Amazonas.

Río Negro
El «río negro» tiene una longitud de 2253 km y se considera el segundo río afluente más grande del mundo. Tiene su origen en Colombia, forma la frontera entre Colombia y Venezuela, fluye a través de Brasil, cruza el ecuador y desemboca en la Amazonía en Manaos.

Rio Negro
O "rio de águas escuras" tem 2253 km de extensão e é considerado o segundo maior rio afluente do mundo. Tem sua origem na Colômbia, forma a fronteira entre a Colômbia e a Venezuela, flui através do Brasil, atravessa o Equador e desemboca em Manaus no rio Amazonas.

Rio Negro
De "zwarte rivier" is 2253 km lang en geldt als de op een na grootste zijrivier ter wereld. Hij ontspringt in Colombia, vormt de grens tussen Colombia en Venezuela, stroomt door Brazilië, steekt de evenaar over en mondt uit in Maunus in Amazonas.

Mangues
Mangroves

Boto-cor-de-rosa
Amazon river dolphins

Amazon river dolphin
In the side arms of the Amazon you can observe the boto, the pink river dolphin. The dolphin is almost blind, lives mostly in murky water and orientates itself by echolocation. For the local population, the Amazon dolphin is a mythical creature that transforms itself into a human being and enters the huts at night.

Dauphin rose de l'Amazone
C'est dans les bras du fleuve Amazone que vit le *boto-rosa*, le dauphin rose. Cette espèce, pratiquement aveugle, se tient essentiellement dans les eaux troubles et s'oriente par écholocalisation. Pour la population locale, le dauphin de l'Amazone est un animal fabuleux qui se transforme la nuit en créature humaine et pénètre dans les huttes.

Amazonasdelfin
In den Seitenarmen des Amazonas begegnet man dem boto-rosa, dem rosa Delfin. Die Delfinart ist fast blind, hält sich meist im trüben Wasser auf und orientiert sich durch Echoortung. Für die lokale Bevölkerung ist der Amazonasdelfin ein Fabeltier, das sich nachts in ein menschliches Wesen verwandelt und in die Hütten kommt.

Delfín del Amazonas
En los brazos laterales del Amazonas se encuentra el boto, el delfín rosado. Es casi ciego, sobre todo en aguas turbias, y se orienta por ecolocalización. Para la población local, el delfín del Amazonas es una criatura mítica que se transforma en un ser humano por la noche y llega a las cabañas.

Golfinho do rio Amazonas
Nos braços laterais do rio Amazonas você pode encontrar o boto cor-de-rosa, o golfinho rosa. O golfinho é quase cego, principalmente em águas turvas e orienta-se através da ecolocalização. Para a população local, o golfinho amazônico é uma criatura mística que à noite se transforma em um homem e vai até às cabanas.

Orinocodolfijn
In de zijarmen van de Amazone ontmoet men de boto, de roze dolfijn. Deze dolfijnsoort is bijna blind, houdt zich meestal in troebel water op en oriënteert zich door middel van echolocatie. Voor de lokale bevolking is de Amazone dolfijn een mythisch wezen dat 's nachts in een mens verandert en naar de hutten komt.

Boto-cor-de-rosa
Amazon river dolphin

Piranhas

Freshwater fish

The greatest number of freshwater fish species worldwide can be found in the Amazon lowlands. The largest is the Pirarucú, which can reach a length of 4 m (13 ft). The Tupi Guarani Indians call it Arapaima: "red fish". Common species are garfish, but also sole, which originated in the sea and slowly migrated up the Amazon. Piranhas are at home in the still waters of the Amazon's side arms, which are covered with floating plants. Because of their very sharp teeth and their ability to attack in swarms when hunting, they are considered dangerous.

Poissons d'eau douce

La plaine de l'Amazone compte la plus grande variété de poissons d'eau douce du monde. Le plus grand est le pirarucu, qui peut mesurer jusqu'à 4 m de long. Les Indiens Tupi-Guarani l'appellent *arapaïma*, le « poisson rouge ». Les espèces les plus courantes sont les aiguillettes (ou orphies), ainsi que les soles, originaires de l'océan mais qui ont peu à peu remonté l'Amazone. Les eaux calmes des bras secondaires de l'Amazone, recouvertes de plantes nageantes, abritent les piranhas. Dotés de dents très acérées et présentant la particularité de chasser en bancs, ils sont considérés comme dangereux.

Süßwasserfische

Im Amazonastiefland kommen weltweit die meisten Süßwasserfischarten vor. Der größte ist der Pirarucú, der 4 m lang werden kann. Die Tupi-Guarani-Indianer nennen ihn Arapaima: „roter Fisch". Häufige Arten sind Hornhechte, aber auch Seezungen, die ursprünglich aus dem Meer stammen und langsam den Amazonas hochwanderten. Im stillen Wasser der Seitenarme des Amazonas, die mit schwimmenden Pflanzen bedeckt sind, sind Piranhas zu Hause. Wegen ihrer sehr scharfen Zähne und ihrer Eigenschaft, bei der Jagd in Schwärmen anzugreifen, gelten sie als gefährlich.

Piranha

Peces de agua dulce

En las tierras bajas del Amazonas se encuentran la mayoría de las especies de peces de agua dulce. El más grande es el pirarucú, que puede alcanzar una longitud de 4 metros. Los indios Tupí Guaraní lo llaman arapaima: «pez rojo». Algunas especies comunes son el pez aguja y el lenguado, que viene del mar y emigra lentamente hacia el Amazonas. Las pirañas se encuentran como en casa en las tranquilas aguas de los brazos del Amazonas, que están cubiertos de plantas flotantes. Debido a sus afilados dientes y a su capacidad de atacar en grupo durante la caza, se consideran peligrosas.

Peixe de água doce

Nas planícies amazônicas, encontra-se a maioria das espécies de peixes de água doce do mundo. O maior deles é o Pirarucú, que pode atingir até 4 metros de comprimento. Os indios Tupi-Guarani chamam-o de Arapaima: "peixe vermelho". Entre as espécies mais comuns encontra-se o peixe-agulha, mas também o linguado, que tem a origem no mar e aos poucos foi migando para o Amazonas. Nas águas tranquilas dos afluentes da Amazônia, cobertos de plantas flutuantes, as piranhas estão em casa. Elas são consideradas perigosas, devido aos seus dentes muito afiados e pela sua capacidade de atacarem em enxames durante a caça.

Zoetwatervissen

In het laagland van Amazonas komen wereldwijd de meeste zoetwatervissoorten voor. De grootste is de Pirarucu, die 4 meter lang kan worden. De Tupi Guarani indianen noemen hem Arapaima: "rode vis". Veel voorkomende soorten zijn gepen, maar ook zeetongen die oorspronkelijk uit de zee stammen en langzaam de Amazone introkken. In het stille water van de zijarmen van de Amazone, die bedekt zijn met drijvende planten, zijn de piranha's thuis. Vanwege hun zeer scherpe tanden en hun eigenschap bij de jacht in zwermen aan te vallen, worden ze als gevaarlijk beschouwd.

Vitória-régia
Victoria amazonica

River banks
Unique ecosystems have formed on the banks of the Amazon. Depending on the water level, whether there is high water during the rainy season or low water, the water rises to the roots of the tall trees. The Várzea is the main type of riverbank region, an area that is flooded by whitewater once a year and rubber trees grow here. In contrast, the banks, which are never flooded (terra firme), form soil for the brazilwood. The Igapó forest is regularly flooded by blackwater rivers and its trees do not grow so high. It is an alluvial forest that is mainly found in the estuary.

Rives du fleuve
Des écosystèmes uniques se sont développés sur les rives de l'Amazone. En fonction du niveau des eaux, crue de la saison des pluies ou étiage, les racines des arbres les plus hauts sont immergées ou à nu. La *várzea,* principal biotope de la rive, est une région inondée une fois par an d'eau blanche. C'est ici que poussent les hévéas alors que les rives qui ne sont jamais inondées (*terra firme*) ont été colonisées par les pernamboucs (ou bois-brésil). La forêt *Igapo* est régulièrement inondée par les eaux noires et ses arbres ne sont pas hauts. C'est une forêt alluviale, que l'on rencontre essentiellement au niveau des embouchures.

Flussufer
An den Ufern des Amazonas haben sich einmalige Ökosysteme gebildet. Je nach Wasserstand, ob Hochwasser während der Regenzeit oder Niedrigwasser, ragt das Wasser bis an die Wurzeln der hochstämmigen Bäume. Die Várzea ist der Haupttypus am Flussufer, ein Gebiet das einmal jährlich von Weißwasser überschwemmt wird. Hier wachsen die Gummibäume. Im Gegensatz dazu bilden die Ufer, die niemals überschwemmt werden, (terra firme) Boden für das Brasilholz. Der Igapó-Wald wird regelmäßig von Schwarzwasserflüssen überflutet, seine Bäume wachsen nicht so hoch. Es ist ein Auwald, der vor allem im Mündungsgebiet anzutreffen ist.

Árvore Samaúma
Kapok

La orilla del río

En las orillas del Amazonas se han formado ecosistemas únicos. Dependiendo del nivel de agua, ya sea agua alta durante la estación de lluvias o agua baja, el agua sube hasta las raíces de los árboles altos. La várzea es el principal tipo de ribera, un área que se inunda con agua blanca una vez al año. Aquí crecen los árboles de caucho. En contraste, las orillas que nunca se inundan forman tierra firme para la madera de Brasil. El bosque de Igapó es regularmente inundado por ríos de aguas negras y sus árboles no llegan a ser tan altos. Es un bosque ribereño que se encuentra principalmente en la zona de la desembocadura.

Margens do rio

Ecossistemas únicos se formaram nas margens do rio Amazonas. Dependendo do nível da água, seja na maré alta durante a estação chuvosa ou na maré baixa, a água chega até às raízes das árvores altas. A várzea é o principal tipo de margem do rio, uma área que é inundada por água branca uma vez por ano. Aqui crescem as seringueiras. Em contraste, as margens, que nunca são inundadas, formam solo de terra firme para a madeira do pau-brasil. A floresta de Igapó é regularmente inundada por rios de águas escuras e suas árvores não ficam muito altas. É uma floresta aluvial, que se encontra principalmente na foz.

Rivieroevers

Aan de oevers van de Amazone zijn unieke ecosystemen ontstaan. Afhankelijk van het waterniveau, of het nu hoogwater is tijdens de regentijd of laagwater, stijgt het water tot aan de wortels van de hoge bomen. De Várzea is de belangrijkste soort aan de rivieroever, een gebied dat één keer per jaar wordt overstroomd door wit water. Hier groeien de rubberbomen. De oevers, die nooit onder water stonden, vormen daarentegen (terra firme) grond voor de Brazielboom. Het Igapó-bos wordt regelmatig door zwartwaterrivieren overstroomd. De bomen groeien daar niet zo hoog. Het is een alluviaal bos dat voornamelijk in het mondingsgebied wordt aangetroffen.

Jacaré-do-pantanal
Yacare caiman

Vitória-régia
Victoria amazonica

Vitória-régia
Victoria amazonica

Vitória-régia
Victoria amazonica

Amazon giant water lily
The reputation of the majestic water lily is legendary, because the size and strength of the leaves is sufficient to carry the weight of a child. The plant with its 2.5 m (8 ft) large floating leaves, and white, pink, purple or yellow flowers, is considered a symbol of Amazonia. The local population obtains black hair color from the sap of the roots of the giant water lily.

Nénuphar géant d'Amazonie
Représentant du genre Victoria, ce nénuphar possède des feuilles parmi les plus grandes du monde (2,5 m de diamètre), porte des fleurs blanches, roses, lilas ou jaunes et est l'un des symboles de l'Amazonie. Les populations locales extraient une teinture noire des racines du nénuphar géant avec laquelle elles se colorent les cheveux.

Amazonas-Riesenseerose
Legendär ist der Ruf der majestätischen Seerose, weil die Größe und Stärke der Blätter ausreicht, das Gewicht eines Kindes zu tragen. Die Pflanze mit ihren 2,5 m großen Schwimmblättern, weißen, rosa, lila oder auch gelben Blüten, gilt als Symbol Amazoniens. Aus dem Saft der Wurzeln der Riesenseerose gewinnen Einheimische schwarze Farbe, die zum Haare färben dient.

Victoria amazonica
La reputación del majestuoso nenúfar es legendaria, porque el tamaño y la fuerza de las hojas son suficientes para soportar el peso de un niño. La planta, con sus hojas flotantes de 2,5 m de largo, flores blancas, rosadas, púrpuras o amarillas, es considerada un símbolo de la Amazonía. De la savia de las raíces del nenúfar gigante, los lugareños adquieren tinte negro que sirve para teñir el cabello.

Vitória-régia gigante do Amazonas
Lendária é a reputação do majestoso lírio de água, porque o tamanho e a força das folhas são suficientes para suportar o peso de uma criança. A planta com suas folhas flutuantes de 2,5 m de diâmetro, flores brancas, rosas, roxas ou amarelas, é considerada um símbolo da Amazônia. A partir do suco das raízes do lírio-de-água gigante, os habitantes locais extraem tinta de cor preta, que serve para colorir o cabelo.

Amazone - reusachtige waterlelie
Legendarisch is de reputatie van de majestueuze waterlelie, omdat de grootte en de sterkte van de bladeren voldoende zijn om het gewicht van een kind te dragen. De plant met zijn 2,5 m grote drijvende bladeren, witte, roze, paarse of gele bloemen, wordt beschouwd als een symbool van het Amazonegebied. Uit het sap van de wortels van de reuzewaterlelie winnen de lokale bewoners een zwarte kleur die ertoe dient om het haar te kleuren.

Jararaca-verde
Amazonian palmviper

Sucuri-amarela
Yellow anaconda

Dangerous beauties
Typical riverbank animals are iguanas, such as the green iguana, which lie on tree branches on the riverside. Green jararacas and spectacled caimans are beautiful but dangerous. The same applies to the largest snake, the yellow anaconda. It can be 3-4 m (10-13 ft) long. It plays a key role in the mythology of the Kaxinawá Indians and is part of the founding myth of their community.

Dangereuses beautés
Les iguanes, et notamment l'iguane vert qui se tient sur les branches des arbres, sont des habitants communs des rives du fleuve. Le serpent jararaca vert et le caïman jacara sont magnifiques mais dangereux. Cette mise en garde vaut également pour les immenses anacondas jaunes, mesurant 3 à 4 m de long. Dans la mythologie des Indiens Kaxinawá, ce serpent joue un rôle important puisqu'il participe au mythe fondateur du peuple.

Gefährliche Schönheiten
Typische Flussufertiere sind Leguane, wie der grüne Leguan, die auf Baumästen am Ufer liegen. Schön, aber gefährlich sind grüne Jararacas und Brillenkaimane. Das gilt auch für die größte Schlange, die gelbe Anakonda. Sie wird 3–4 m lang. In der Mythologie der Kaxinawá-Indianer spielt sie eine Schlüsselrolle: Sie ist Teil des Gründungsmythos ihres Volks.

Bellezas peligrosas
Los animales típicos de la ribera son las iguanas, como la iguana verde, que se encuentran en las ramas de los árboles en la orilla. Las jararacas verdes y los caimanes del Para son hermosos pero peligrosos. Lo mismo ocurre con la serpiente más grande, la anaconda amarilla, que alcanza los 3-4 m de largo. Desempeña un papel clave en la mitología de los indios Kaxinawá: es parte del mito fundador de su pueblo.

Belezas perigosas
As iguanas são animais típicos das margens dos rios, como a iguana verde, que se encontram nos galhos das árvores na margem. Bonitos, mas perigosos são as jararacas verdes e os jacaretingas (ou jacaré-de-óculos). O mesmo pode se falar da maior das cobras, a anaconda amarela. Ela chega a ter 3-4 m de comprimento e tem um papel fundamental na mitologia dos índios Kaxinawá fazendo parte do mito fundador do seu povo.

Gevaarlijke schoonheden
Typische rivieroeverdieren zijn leguanen, zoals de groene leguaan, die op boomtakken aan de kust liggen. Mooi, maar gevaarlijk zijn groene groene jararacas en de brilkaaimannen. Dat geldt ook voor de grootste slang, de gele anaconda. Deze wordt 3-4 m lang en speelt een centrale rol in de mythologie van de Kaxinawá-indianen: ze maakt deel uit van de stichtingsmythe van hun volk.

Iguana-verde
Green iguana

Rio Negro

Arara
Macaws

Macaws
Colorful specimens of this Brazilian national animal gather in groups in the treetops to eat and sleep. Aras are sociable animals, they were already kept by the natives as pets. There are blue, red, green and turquoise-red Aratinga. In the evening they fly as a group, but in pairs, to the trees where they sleep.

Aras
Ces splendides représentants colorés de l'animal héraldique du Brésil se suspendent pour manger et dorment en groupe sur la cime des arbres. Les aras sont des animaux sociaux que domestiquaient déjà les peuples autochtones. Le genre aratinga compte des individus bleus, rouges, verts et rouges/turquoises. À la tombée du jour, ils forment un groupe organisé en couples pour rejoindre les arbres dans lesquels ils passeront la nuit.

Aras
Farbenprächtige Exemplare des Wappentiers Brasiliens halten sich zum Fressen und Schlafen in Gruppen in den Baumkronen auf. Aras sind gesellige Tiere, sie wurden schon von den Ureinwohnern als Haustiere gehalten. Es gibt blaue, rote, grüne und türkis-rote – Aratinga. Gegen Abend fliegen sie als Gruppe, aber paarweise geordnet, zu ihren Schlafbäumen.

Guacamayos
Especímenes coloridos del animal heráldico brasileño se alojan en grupos en las copas de los árboles para comer y dormir. Los guacamayos son animales sociables, que ya eran mantenidos por los nativos como mascotas. Hay aratinga azul, rojo, verde y rojo turquesa. Por la tarde vuelan en grupo, pero en parejas, a sus árboles para dormir.

Araras
Espécies coloridas do animal heráldico brasileiro que passam o tempo comendo e dormindo em grupos nas copas das árvores. As araras são animais sociáveis, que já eram mantidos pelos nativos como animais de estimação. Existem araras azuis-e-amarelas, azuis, vermelhas, verdes e azuis-e-vermelhas. À noite, voam em grupo, mas aos pares, para as suas árvores dormitórias.

Ara's
Om te eten en drinken houden kleurrijke exemplaren van het Braziliaanse wapendier zich in groepen in de boomtoppen op. Ara's zijn gezellige dieren, ze werden al door de oerinwoners als huisdier gehouden. Er zijn blauwe, rode, groene en turkoois-rode aratinga's. 's Avonds vliegen ze als groep, maar dan paarsgewijs, naar hun bomen om te slapen.

Arara
Macaws

Rio Amazonas
Amazon River

Rio Amazonas
Amazon River

Sapo do olho dourado
Mission golden-eyed tree frog

Evening atmosphere at the Amazon
During boat trips on the Amazon the sunsets are a special attraction, because the colorful interplay of water, sky and rainforest is indescribably beautiful. At dusk many animals become active. Dyeing poison frogs leave their habitats and start croaking loudly interrupted by the penetrating song of the "6 o'clock cicada".

Ambiance vespérale sur l'Amazone
Lors de promenades en bateau sur l'Amazone, les couchers de soleil sont une attraction très prisée, car le jeu de couleurs entre l'eau, le ciel et la forêt est d'une beauté indescriptible. Au crépuscule, de nombreux animaux de toutes tailles s'activent. Les grenouilles de l'espèce dendrobate à tapirer sortent et lancent leur puissant coassement, qu'accompagne le chant des « cigales de 18 heures ».

Abendstimmung am Amazonas
Bei Bootsfahrten auf dem Amazonas sind die Sonnenuntergänge eine besondere Attraktion, denn das farbliche Zusammenspiel von Wasser, Himmel und Regenwald ist unbeschreiblich schön. Mit der Dämmerung werden viele Tiere und Tierchen aktiv. Färberfrösche verlassen ihre Habitate und beginnen lautstark zu quaken unterbrochen vom durchdringen Gesang der „6-Uhr-Zikade".

Atmósfera nocturna en el Amazonas
Durante los viajes en barco por el Amazonas, las puestas de sol son una atracción especial, porque la interacción colorida del agua, el cielo y la selva tropical es indescriptiblemente hermosa. Al atardecer, muchos animales se vuelven activos. Las ranas Dendrobates tinctorius abandonan sus hábitats y empiezan a croar muy fuerte interrumpidas por la canción penetrante de la cigarra de las «6 en punto».

Ambiente noturno no Amazonas
Durante os passeios de barco no rio Amazonas, o pôr-do-sol é uma atração especial, porque a interação colorida entre a água, o céu e a floresta tropical é indescritivelmente bela. Ao anoitecer, muitos animais tornam-se activos. Os sapos-boi-azul deixam seus habitats e começam a coaxar em voz alta interrompidos pela canção penetrante da "cigarra das 6 horas".

Avondsfeer aan de Amazone
Tijdens boottochten op de Amazone zijn de zonsondergangen een bijzondere attractie, omdat het kleurrijke samenspel van water, lucht en regenwoud onbeschrijflijk mooi is. Bij de schemering worden veel diertjes actief. Schilderskikkers verlaten hun leefgebieden en beginnen luidkeels te kwaken, onderbroken door het indringende gezang van de "6 uur cicaden".

Peixe-boi-da-amazônia
Amazonian manatee

Amazonian Manatee
The Peixe boi or Amazonian Manatee is the only sea cow species that lives in fresh water. With a length of 3 m (9 ft) and a weight of 450 kg (1,000 pounds), the herbivore is smaller and longer than its relatives. Sea cows live in the entire Amazon basin, but are endangered because their meat is considered a delicacy. The giant mammal can stay under water for 14 minutes. The gestation period is twelve months, after which the baby manatee stays with its mother for two years. In search of food, the Amazonian manatee travels through the river delta and visits deeper waters in dry seasons.

Lamantin d'Amazonie
Le *peixe-boi* ou lamantin d'Amazonie est l'unique espèce de sirénien d'eau douce. Mesurant 3 m pour 450 kg, cet herbivore est plus léger mais plus long que les autres membres de sa famille. Il est présent dans tout le bassin de l'Amazone, mais menacé car sa chair est un festin. Exceptionnel plongeur, ce mammifère peut tenir 14 minutes sous l'eau. La gestation dure 12 mois, puis le petit reste avec sa mère pendant deux ans. À la recherche de nourriture, le lamantin d'Amazonie peut s'aventurer dans le delta du fleuve ; il se replie dans les eaux profondes lors des périodes sèches.

Amazonas-Maniti
Der Peixe boi oder Amazonas-Maniti ist die einzige Seekuhart, die im Süßwasser lebt. Mit 3 m Länge und 450 kg Gewicht ist der Pflanzenfresser kleiner und länger als seine Verwandten. Seekühe leben im gesamten Amazonasbecken, sind aber gefährdet, da ihr Fleisch als Delikatesse gilt. 14 Minuten kann der Riesensäuger unter Wasser bleiben. Die Tragezeit beträgt zwölf Monate, anschließend bleibt das Seekuhbaby zwei Jahre lang bei seiner Mutter. Auf der Suche nach Nahrung begibt sich der Amazonas-Manati auf Wanderungen durch das Flussdelta und sucht in Trockenzeiten tiefere Gewässer auf.

Peixe-boi-da-amazônia
Amazonian manatee

Manatí del Amazonas
El peixe boi o manatí del Amazonas es la única especie de vaca marina que vive en agua dulce. Con una longitud de 3 m y un peso de 450 kg, el herbívoro es más pequeño y más largo que sus parientes. Las vacas marinas viven en toda la cuenca del Amazonas, pero están en peligro porque su carne es considerada un manjar. El mamífero gigante puede permanecer bajo el agua durante 14 minutos. El período de gestación es de doce meses, después de los cuales el manatí bebé permanece con su madre durante dos años. En busca de alimento, el manatí amazónico realiza migraciones a través del delta del río y visita aguas más profundas en épocas secas.

Peixe-boi-da-amazônia
O peixe-boi ou maniti do Amazonas é a única espécie de vaca marinha que vive em água doce. Com um comprimento de 3 m e um peso de 450 kg, o herbívoro é menor e mais comprido que os seus parentes. As vacas marinhas vivem em toda a bacia amazônica, mas estão em perigo de extinção porque sua carne é considerada uma iguaria. O mamífero gigante pode ficar debaixo de água durante 14 minutos. O período de gestação é de doze meses, depois do nascimento o bebê peixe-boi fica com a mãe por dois anos. Em busca de alimento, o manati amazônico faz migrações pelo delta do rio e visita águas mais profundas na época das estações secas.

Amazonelamantijn
De Peixe boi of amazonelamantijn is de enige zeekoesoort die in zoet water leeft. Met een lengte van 3 m en een gewicht van 450 kg is de herbivoor kleiner en langer dan zijn soortgenoten. Zeekoeien leven in het hele Amazonegebied, maar worden bedreigd omdat hun vlees als een delicatesse wordt beschouwd. Het reuzenzoogdier kan 14 minuten onder water blijven. De drachttijd is twaalf maanden, waarna de zeekoebaby twee jaar bij zijn moeder blijft. Op zoek naar voedsel trekt de amazonelamantijn door de rivierdelta en zoekt in droge seizoenen diepere wateren op.

Floresta Amazônica
Amazon rainforest

Rio Negro, Rio Solimões

Rio Negro, Rio Solimões

Blackwater river and whitewater river
In Amazonia there are whitewater and blackwater rivers: The sediment material from the Andes leads to the light coloring and moorish blackwater characterizes the Rio Negro. At the estuary near Manaus, when the Salomões River - a whitewater river - meets the Negro River, and they run parallel to each other for 10-30 km (6-8 miles) without mixing.

Eaux noires et eaux blanches
En Amazonie, on distingue les rivières à eaux noires et à eaux blanches : les alluvions des Andes colorent les eaux dites « blanches » en ocre, alors que les résidus marécageux assombrissent les eaux noires. Près de Manaus, au confluent baptisé « Rencontre des eaux », les eaux du río Solimões (blanches) et celles, noires, du rio Negro s'écoulent côte à côte sur 10 à 30 km sans se mélanger.

Schwarzwasserfluss und Weißwasserfluss
In Amazonien gibt es Weißwasser- und Schwarzwasserflüsse: Das sandige Schwemmmaterial führt zur hellen Färbung. Mooriges Schwarzwasser charakterisiert den Rio Negro. An der Mündungsstelle bei Manaus, wenn der Rio Salomões – ein Weißwasserfluss – mit dem Rio Negro zusammenfließen, laufen sie zwischen 10 und 30 km parallel nebeneinander ohne sich zu mischen.

Río de aguas negras y río de aguas blancas
En la Amazonia hay ríos de aguas blancas y de aguas negras: el otro material aluvial conduce a la coloración clara. Las aguas negras moriscas caracterizan el Río Negro. En el estuario cerca de Manaos, cuando el río Salomões (un río de aguas blancas) se encuentra con el río Negro, corren paralelos entre sí durante entre 10 y 30 km sin mezclarse.

Rio de água negra e rio de água branca
Na Amazônia há rios de águas brancas e negras: os volumosos sedimentos aluviais levam à coloração clara. Água negra mourisca caracteriza o Rio Negro. No estuário próximo a Manaus, quando o rio Salomões - um rio de águas brancas - encontra o rio Negro, eles correm paralelos entre si ao longo de 10 a 30 km sem se misturarem.

Zwartwaterrivier en witwaterrivier
In het Amazonegebied zijn er witwater- en zwartwaterrivieren: het aangespoelde, zanderige water leidt tot de lichte kleuring. De Rio Negro wordt gekenmerkt door moerassig zwart water. Aan de monding bij Manaus, waar de Rio Salomões - een witwaterrivier – met de Rio Negro samenkomt, stromen ze 10 tot 30 km lang parallel naast elkaar zonder zich te vermengen.

Manaus

Manaus
The capital of Amazonas state is located on the Rio Negro. Until the construction of a fort and the foundation of the city in 1669, Manaú Indians lived in small villages on the banks of the river. Today, the industrial city with its 1.7 million inhabitants is home to about half the population of the state. Since 1967, Manaus has been a free trade zone and a trading metropolis for the entire Amazon Basin. The loading and unloading of freight and brisk passenger traffic determine the bustling life of the island metropolis. Boats of all kinds, including ocean liners, anchor at the floating quay of the port, which was built in 1902 and is 1313 m (4,307 ft) long.

Manaus
La capitale de l'État de l'Amazonas est installée sur la rive du río Negro. Avant la construction d'un fort et la fondation de la ville en 1669, les Indiens Manaú habitaient là, dans de petits villages. Aujourd'hui, la ville industrielle compte 1,7 million d'habitants, soit la moitié de la population de l'État. Depuis 1967, Manaus est une zone franche et la métropole commerciale du bassin amazonien. Le chargement et le déchargement du fret et le transport intensif de passagers caractérisent la vie trépidante de la métropole insulaire. Dans le port, des navires de toutes sortes, y compris des transatlantiques, sont amarrés au quai flottant de 1 313 m construit en 1902.

Manaus
Die Hauptstadt von Amazonas liegt am Rio Negro. Bis zur Errichtung eines Forts und der Stadtgründung 1669 lebten am Ufer Manaú-Indianer in kleinen Dörfern. Heute lebt in der Industriestadt mit 1,7 Millionen Einwohnern rund die Hälfte der Bevölkerung des Bundesstaats. Seit 1967 ist Manaus Freihandelszone und Handelsmetropole für das gesamte Amazonasbecken. Das Ab- und Beladen von Fracht und ein reger Passagierverkehr bestimmen das quirlige Leben der Inselmetropole. Am schwimmenden Kai des Hafens, der 1902 errichtet wurde, und 1313 m lang ist, ankern Boote aller Art, auch Ozeandampfer.

Manaos

La capital del Amazonas está situada en el Río Negro. Hasta la construcción de un fuerte y la fundación de la ciudad en 1669, los indios Manaú vivían en pequeños pueblos a orillas del río. Hoy en día, la ciudad industrial con sus 1,7 millones de habitantes es el hogar de aproximadamente la mitad de la población del estado. Desde 1967, Manaos es una zona de libre comercio y metrópolis comercial para toda la cuenca del Amazonas. La carga y descarga de mercancías y el rápido tráfico de pasajeros determinan la animada vida de la metrópoli isleña. En el muelle flotante del puerto, construido en 1902 y con una eslora de 1313 m, anclan embarcaciones de todo tipo, incluidos transatlánticos.

Manaus

A capital do Amazonas está localizada às margens do Rio Negro. Até a construção de um forte e da fundação da cidade em 1669, os índios Manaú viviam em pequenas aldeias às margens do rio. Hoje, a cidade industrial com seus 1,7 milhão de habitantes abriga cerca de metade da população do estado. Desde 1967, Manaus tem sido uma zona de livre comércio e metrópole comercial para toda a Bacia Amazônica. O carregamento e descarregamento de carga e o tráfego intenso de passageiros determinam a vida animada da metrópole da ilha. Barcos de todos os tipos, incluindo transatlânticos, ancoram no cais flutuante do porto, que foi construído em 1902 e tem 1313 m de comprimento.

Manaus

De hoofdstad van Amazonas ligt aan de Rio Negro. Tot aan de bouw van een fort en de stichting van de stad in 1669 woonden de Manaú-indianen in kleine dorpjes aan de oevers van de rivier. Tegenwoordig woont in de industriestad met 1,7 miljoen inwoners ongeveer de helft van de bevolking van de deelstaat. Sinds 1967 is Manaus een vrijhandelszone en handelsmetropool voor het hele Amazonebekken. Het laden en lossen van goederen en het drukke personenverkeer bepalen het dynamische leven van de eilandmetropool. Aan de drijvende kade van de haven, die in 1902 werd gebouwd en 1313 meter lang is, gaan allerlei soorten boten voor anker, ook oceaanstomers.

Teatro Amazonas, Manaus

Paris of the Tropics
In the course of the rubber boom in the 19th century, which was accompanied by the enslavement of tens of thousands of Indians, Manaus experienced a heyday. The rubber barons had luxurious palaces and the magnificent opera house built. Manaus became the "Paris of the Tropics". Six bells were imported from Europe for the neoclassical cathedral built in 1875.

Paris des tropiques
Dans le sillage de l'essor du caoutchouc au XIXe siècle, qui s'accompagna de la réduction en esclavage de dizaines de milliers d'Indiens, Manaus connut une période de gloire. Les barons du caoutchouc se firent bâtir des palais luxueux, ainsi qu'un opéra fastueux et Manaus devint le « Paris des tropiques ». Pour la cathédrale néo-classique érigée en 1875, six horloges furent importées d'Europe.

Paris der Tropen
Im Zuge des Kautschukbooms im 19. Jahrhundert, der mit der Versklavung von Zehntausenden von Indianern einherging, erlebte Manaus eine Blütezeit. Die Gummibarone ließen sich luxuriöse Paläste und das prunkvolle Opernhaus bauen. Manaus wurde zum „Paris der Tropen". Für die 1875 im neoklassischen Stil erbaute Kathedrale wurden sechs Glocken aus Europa importiert.

París de los trópicos
En el transcurso del auge del caucho en el siglo XIX, que fue acompañado por la esclavitud de decenas de miles de indios, Manaos experimentó un apogeo. Los barones del caucho ordenaron construir lujosos palacios y el magnífico teatro de la ópera. Manaos se convirtió en la «París de los trópicos». Se importaron seis campanas de Europa para la catedral neoclásica construida en 1875.

Paris dos Trópicos
No decorrer do ciclo da borracha no século XIX, que foi acompanhado pela escravidão de dezenas de milhares de índios, Manaus viveu um apogeu. Os barões de borracha fizeram construir palácios luxuosos e a magnífica Casa de Ópera de Manaus. Manaus tornou-se a "Paris dos Trópicos". Seis sinos foram importados da Europa para a catedral neoclássica construída em 1875.

Parijs van de tropen
Als gevolg van de opbloei van het rubber in de 19e eeuw, die gepaard ging met de slavernij van tienduizenden Indianen, beleefde Manaus een bloeiperiode. De rubber-baronnen lieten luxueuze paleizen en het prachtige operahuis bouwen. Manaus werd het "Parijs van de tropen". Voor de in 1875 gebouwde neoklassieke kathedraal werden zes klokken uit Europa geïmporteerd.

Catedral Metropolitana Nossa Senhora da Conceição, Manaus
Manaus Cathedral

Açai

The Açai fruit, which is native to northern Brazil, began its path to success in the 1990s when it was transported frozen to Rio de Janeiro and São Paulo and sold as ice-cream and fruit juice at street stalls and in restaurants. The dark, nutty palm fruit is rich in vitamins C and A, iron and calcium and also contains oil. Traditionally it was a staple food in the Amazon region and was mixed with manioc or tapioca porridge. Açai comes from the Tupi language and means "fruit that weeps".

Açaï

Le succès du fruit de l'açaï, originaire du Nord du Brésil, a débuté dans les années 1990, lorsqu'on a commencé à transporter les baies congelées jusqu'à Rio de Janeiro, pour les transformer en glaces et jus de fruit vendus sur les plages et dans les restaurants. Ce petit fruit sombre issu d'un palmier est riche en vitamines C et A, en fer, en calcium et en huile. Traditionnellement, la baie d'açaï était l'un des ingrédients de base dans la région de l'Amazone, que l'on mélangeait à la purée de manioc et de tapioca. Son nom provient de la langue tupi et signifie « fruit qui pleure ».

Açai

Ihren Siegeszug begann die in Nordbrasilien heimische Açai-Frucht in den 1990er Jahren, als sie tiefgefroren nach Rio de Janeiro und São Paulo transportiert und zu Eis- und Fruchtsaft verarbeitet an Straßenständen und in Restaurants angeboten wurde. Die dunkle, nussige Palmenfrucht ist reich an Vitaminen C und A, Eisen und Calcium und dazu ölhaltig. Traditionell war sie im Amazonasgebiet ein Hauptnahrungsmittel und wurde Maniok- oder Tapiokabrei beigemischt. Açai kommt aus der Tupi-Sprache und bedeutet „Frucht, die weint".

Açaí

La fruta del açaí, originaria del norte de Brasil, comenzó su marcha triunfal en la década de 1990 cuando fue transportada congelada a Río de Janeiro y São Paulo y vendida como jugo de fruta y helado en puestos callejeros y restaurantes. El fruto oscuro de la palmera es rico en vitaminas C y A, hierro y calcio, y contiene aceite. Tradicionalmente era un alimento básico en el Amazonas y se mezclaba con mandioca o gachas de tapioca. El nombre açaí proviene de la lengua tupí y significa «fruta que llora».

Açaí

O açaí, fruta nativa do norte do Brasil, começou sua marcha triunfal nos anos 90, quando foi transportada congelada para o Rio de Janeiro e São Paulo e vendida como gelo e suco de frutas em barracas de rua e restaurantes. A palmeira escura, com frutos secos, é rica em vitaminas C e A, ferro e cálcio e em flavonoides. Tradicionalmente era um alimento básico na Amazônia e era misturado com mingau de mandioca ou tapioca. Açaí vem da língua tupi e significa "fruta que chora".

Açai

De triomftocht van de uit Noord-Brazilië afkomstige açai vrucht begon in de jaren negentig, toen ze diepgevroren naar Rio de Janeiro en São Paulo werd getransporteerd en in strandtentjes en in restaurants verwerkt tot ijs-en vruchtensappen werd aangeboden. De donkere, nootachtige palmvrucht is rijk aan vitamine C en A, ijzer en calcium en bovendien oliehoudend. Traditioneel behoorde de vrucht in het Amazonegebied tot hoofdvoedsel en werd het gemengd met cassave- of tapiocabrij. Açai stamt uit de Tupi taal en betekent "fruit dat huilt".

Rio Amazonas
Amazon River

Amazon
The up to 100 m (328 ft) deep river bed of the Amazon allows even ocean liners to pass through. After Manaus the Amazon reaches a width of 100 km (62 mi) at high tide, and at low tide between 2 and 13 km (1.2 and 8 miles). The river with the highest water content in the world has 200 tributaries, 17 of which can compete with the largest rivers in the world.

Amazone
Le lit du fleuve Amazone, dont la profondeur atteint 100 m par endroits, est navigable par les transatlantiques. En période de crue, sa largeur atteint 100 km en aval de Manaus, alors que son lit se réduit à une étendue entre 2 et 13 km en période sèche. Le fleuve le plus abondant du monde compte 200 affluents, dont 17 se classent parmi les plus grands cours d'eau du monde.

Amazonas
Das bis zu 100 m tiefe Flussbett des Amazonas erlaubt selbst Ozeandampfern die Durchfahrt. Bei Hochwasser erreicht der Amazonas ab Manaus eine Breite von 100 km, bei Niedrigwasser zwischen 2 und 13 km. Der wasserreichste Fluss der Welt hat 200 Nebenflüsse, 17 davon können es mit den größten Flüssen der Welt aufnehmen.

Amazonas
El lecho del río Amazonas, de hasta 100 m de profundidad, permite el paso incluso de transatlánticos. Cuando la marea está alta, el Amazonas alcanza un ancho de 100 km desde Manaos y, cuando está baja, entre 2 y 13 km. El río con el mayor contenido de agua del mundo tiene 200 afluentes, 17 de los cuales pueden competir con los ríos más grandes del mundo.

Amazonas
O leito do rio Amazonas, com até 100 m de profundidade, permite a passagem de transatlânticos. Na maré alta o rio Amazonas chega a uma largura de 100 km a partir de Manaus, na maré baixa atinge 2 a 13 km. O rio com o maior teor de água do mundo tem 200 afluentes, 17 dos quais podem competir com os maiores rios do mundo.

Amazone
De tot 100 m diepe rivierbedding van de Amazone staat zelfs oceaanstomers de doorvaart toe. Bij hoog water bereikt de Amazone vanaf Manous een breedte van 100 km, bij laag water tussen de 2 en 13 km. De waterrijkste rivier ter wereld heeft 200 zijrivieren, 17 daarvan kunnen met de grootste rivieren ter wereld concurreren.

Rio Amazonas
Amazon River

Pará

Belém

Rio Amazonas
Amazon River

Pará
With an area of 1.25 million km² (481,000 sq mi), the northern state extends over a large part of the Amazon Basin up to its mouth in the Atlantic Ocean. Meandering rivers, sandbanks, river islands, steep and flat riverbanks as well as rainforest characterize the landscape of Parás. The indigenous Tupi people called the region "pa´ra": "wide ocean". The state includes the regions around important tributaries of the Amazon such as Tocantins and Xingu, the island of Marajó, and also offers beautiful beaches.

Pará
Avec une superficie de 1,25 million de km², cet État du nord du Brésil occupe une grande partie du bassin de l'Amazone jusqu'à son estuaire dans l'Atlantique. Son paysage se caractérise par les méandres des fleuves, les bancs de sable, les îles fluviales, les berges abruptes ou plates et la forêt humide. Les Tupis, premiers habitants, baptisèrent la région « pa´ra », vaste océan. L'État englobe également les principaux affluents de l'Amazone, dont le Tocantins et le Xingu, ainsi que l'île de Marajó qui offre de magnifiques plages.

Pará
Mit 1,25 Millionen km² Fläche umfasst der nördliche Bundesstaat einen Großteil des Amazonasbeckens bis zur Mündung in den Atlantik. Flussmäander, Sandbänke, Flussinseln, steile und flache Ufer sowie Regenwald prägen die Landschaft Parás. Die Tupi-Ureinwohner nannten die Region „pa´ra": weiter Ozean. Zum Bundesstaat gehören zudem die Gebiete wichtiger Zuflüsse des Amazonas wie Tocantins und Xingu und die Insel Marajó. Sie wartet mit schönen Stränden auf.

Rio Amazonas
Amazon River

Pará
Con una superficie de 1,25 millones de km², el estado del norte cubre gran parte de la cuenca amazónica hasta su desembocadura en el Océano Atlántico. El paisaje de Pará se caracteriza por sus meandros fluviales, bancos de arena, islas fluviales, orillas empinadas y planas, así como por la selva tropical. El pueblo indígena tupí llamó a la región «pa´ra»: océano amplio. El estado también incluye las áreas de importantes afluentes del Amazonas, como Tocantins y Xingu y la isla de Marajó. Ofrece hermosas playas.

Pará
Com uma área de 1,25 milhões de km², o estado do norte cobre grande parte da Bacia Amazônica até sua foz no Oceano Atlântico. Meandros de rios, restingas, ilhas fluviais, margens íngremes e rasas, bem como florestas tropicais caracterizam a paisagem do Pará. Os índios Tupi chamavam a região de "pa´ra": "vasto oceano". O estado também inclui as áreas de importantes afluentes da Amazônia, como Tocantins e Xingu e a ilha do Marajó. Oferece belas praias.

Pará
Met een oppervlakte van 1,25 miljoen km² beslaat de noordelijke deelstaat tot aan de monding in de Atlantische Oceaan een groot deel van het Amazonebekken. Kronkelende riviertjes, zandbanken, riviereilanden, steile en vlakke oevers en regenwoud kenmerken het landschap van Pará. De Tupi-oerinwoners noemden de regio "pa´ra": brede oceaan. Tot de deelstaat behoren ook de gebieden met belangrijke zijrivieren van het Amazonegebied zoals de Tocantins, de Xingu en het eiland Marajó dat prachtige stranden te bieden heeft.

Rio Amazonas
Amazon River

Belém

Belém

The capital lies at the southern edge of the Amazon estuary. It is the entrance and exit gate to the Amazon region, with the largest harbor. The noble brazilwood with its high gloss and red dye was shipped from here. In 1616 the Portuguese built the first fort in Belém, controlled the ships' cargoes and levied customs duties on all goods at the port. The market Ver-o-Peso is located at the old harbor. Its name means "pay attention to the weight". Even today you can buy fruits, vegetables, fish and crabs of all kinds as well as medicinal herbs and Indian handicrafts.

Belém

La capitale de l'État de Pará est située sur la rive sud de l'estuaire de l'Amazone. Dotée du plus grand port de la région, elle constitue la porte d'entrée et de sortie de la région amazonienne. C'est d'ici qu'étaient exportés le noble bois du brésil au bel éclat et sa teinture rouge. Les Portugais y érigèrent leur premier fort en 1616, contrôlaient le fret des navires et levaient des taxes sur toutes les marchandises du port. Le vieux port abrite le marché Ver-o-Peso (« voir au poids »). On y vend encore aujourd'hui des fruits, des légumes, des poissons et des crustacés de toutes sortes, ainsi que des herbes médicinales et de l'artisanat indien.

Belém

Die Hauptstadt liegt am südlichen Rand der Amazonasmündung. Sie ist mit dem größten Hafen das Ein- und Ausgangstor des Amazonasgebiets. Von hier wurde das edle Brasilholz mit hohem Glanz und rotem Farbstoff verschifft. 1616 errichteten die Portugiesen in Belém das erste Fort, kontrollierten die Schiffsladungen und erhoben Zölle auf alle Waren am Hafen. Am alten Hafen liegt der Markt Ver-o-Peso. Sein Name bedeutet „Achte auf das Gewicht". Auch heute gibt es hier Früchte, Gemüse, Fische und Krebse aller Art zu kaufen sowie Heilkräuter und indianisches Kunsthandwerk.

Mercado Ver-o-Peso, Belém
Ver-o-Peso Market, Belém

Belém

La capital se encuentra en el borde sur de la desembocadura del Amazonas. Con el puerto más grande, es la puerta de entrada y salida de la región amazónica. Desde aquí se enviaba la madera noble de Brasil con alto brillo y tinte rojo. En 1616 los portugueses construyeron el primer fuerte en Belém, controlaron la carga de los barcos y cobraron derechos de aduana sobre todas las mercancías en el puerto. El mercado Ver-o-Peso está situado en el antiguo puerto. Su nombre significa «prestar atención al peso». Incluso hoy en día se pueden comprar frutas, verduras, pescado y cangrejos de todo tipo, así como hierbas medicinales y artesanías indias.

Belém

A capital fica na margem sul do estuário do rio Amazonas. É a porta de entrada e saída para a região Amazônica com o maior porto. A partir daqui, era embarcada a nobre madeira pau-brasil, com alto brilho e o corante de cor vermelha. Em 1616 os portugueses construíram o primeiro forte em Belém, a partir daí controlavam as cargas dos navios e cobravam direitos aduaneiros sobre todas as mercadorias no porto. O mercado Ver-o-Peso situa-se no antigo porto. O seu nome significa "prestar atenção ao peso". Ainda hoje você pode comprar frutas, legumes, peixes e caranguejos de todos os tipos, bem como ervas medicinais e artesanato indiano.

Belém

De hoofdstad ligt aan de zuidelijke rand van de Amazonemonding. Ze is met de grootste haven de in- en uitgangspoort van het Amazonegebied. Vanaf hier werd het edele hout van de Brazielboom met hoge glans en rode kleurstof verscheept. In 1616 bouwden de Portugezen in Belém het eerste fort, controleerden de scheepsladingen en hieven tol op alle goederen in de haven. Aan de oude haven ligt de markt Ver-o-Peso. Zijn naam betekent "let op het gewicht". Ook vandaag de dag nog zijn hier allerlei soorten fruit, groenten, vis en krabben te koop, net als geneeskrachtige kruiden en indiaanse, ambachtelijke spullen.

Árvore Abricó-de-macaco
Cannonball tree

Brazil nut
The castanha do Pará (Brazil nut) was the most important export product of Pará before soybean cultivation started. The tree grows on the Terra firme and can be up to 55 m (180 ft) high. The thick-skinned nuts fall to the ground and are collected "wild". Up until today there is hardly any cultivation in plantations. They are an important source of income for many Indian communities.

Noix du Brésil
La *castanha do Pará* (littéralement noix du Pará) était, avant la culture du soja, le plus important produit d'exportation de l'État de Pará. L'arbre, qui pousse sur la *terra firme,* atteint 55 m de haut. Les noix, enfermées dans une coque épaisse, tombent au sol où elles sont « glanées ». La culture en plantation est rare. Cette noix constitue une importante source de revenus pour les communautés indiennes.

Paranuss
Die castanha do Pará (Paranuss oder Brasilnuss) war, bevor der Sojaanbau startete, das wichtigste Exportprodukt Parás. Der Baum wächst auf der Terra firme und wird bis zu 55 m hoch. Die Nüsse mit der dicken Schale fallen auf den Boden und werden „wild" gesammelt. Bis heute gibt es kaum Plantagenanbau. Sie sind eine wichtige Einnahmequelle für viele indianische Gemeinschaften.

Nuez de Brasil
La castanha do Pará (nuez de Brasil) era el producto de exportación más importante de Pará antes de que se iniciara el cultivo de soja. El árbol crece en la Terra firme y alcanza los 55 m de altura. Las nueces con la piel gruesa caen al suelo y se recogen «salvajes». Hasta el día de hoy casi no existe ningún cultivo de plantación. Son una fuente importante de ingresos para muchas comunidades indígenas.

Castanha-do-pará
A castanha-do-pará (ou castanha do Brasil) era o mais importante produto de exportação do Pará antes do início do cultivo da soja. A árvore cresce em terra firme e atinge até 55 m de altura. As nozes com a casca grossa caem no chão e são colhidas de forma "selvagem". Até hoje não há praticamente nenhum cultivo em plantações. Eles são uma importante fonte de renda para muitas comunidades indígenas.

Paranoot
De castanha do Pará (paranoot) was het belangrijkste exportproduct van Pará voordat de sojateelt van start ging. De boom groeit in "terra firme" en wordt tot 55 m hoog. De noten met de harde schil vallen op de grond en worden "wild" verzameld. Tot op de dag van vandaag is er nauwelijks plantageteelt. Ze zijn een belangrijke bron van inkomsten voor veel indiaanse gemeenschappen.

Castanha-do-pará
Brazil nuts

Círio de Nazaré, Belém

Círio de Nazaré, Belém

Círio de Nazaré
On the second Sunday in October, the largest religious procession in Brazil takes place in Belém. The patron saint of the fishermen and Pará, Our Lady of Nazareth, is carried through the 6 km (3.7 mile) long Via Sacra, accompanied by fireworks and songs. A basilica was built on the site where the image of the saint was found, modelled on Saint Paul's Church in Rome.

Círio de Nazaré
Le second dimanche d'octobre, Belém est le théâtre de la plus grande procession religieuse du Brésil. La patronne des pêcheurs et de Pará, sainte Mère de Nazareth, est portée sur le long des 6 km de la Via Sacra, accompagnée de feux d'artifice et de chants. À l'emplacement de l'apparition de la sainte, une basilique a été érigée à l'image de Saint-Pierre de Rome.

Círio de Nazaré
Am zweiten Sonntag im Oktober findet in Belém die größte religiöse Prozession ganz Brasiliens statt. Die Patronin der Fischer und Parás, die heilige Mutter von Nazareth, wird durch die 6 km lange Via Sacra getragen, begleitet von Feuerwerk und Gesängen. An der Stelle der Erscheinung der Heiligen wurde nach dem Vorbild von Sankt Paul in Rom eine Basilika gebaut.

Círio de Nazaré
El segundo domingo de octubre tiene lugar en Belém la mayor procesión religiosa de Brasil. La patrona de los pescadores y Pará, la santa madre de Nazaret, se lleva a través de los 6 km de Via Sacra, acompañada de fuegos artificiales y cantos. Una basílica fue construida en Roma en el lugar de la aparición de los santos, siguiendo el modelo de São Paulo.

Círio de Nazaré
No segundo domingo de outubro, a maior procissão religiosa do Brasil acontece em Belém. A padroeria dos pescadores e do Pará, a santa mãe de Nazaré, é carregada pelos 6 km da Via Sacra, acompanhada de fogos de artifício e cantos. No local da aparição da santa foi construída uma basílica, segundo o modelo da Basílica de São Paulo Extramuros em Roma.

Círio de Nazaré
Op de tweede zondag van oktober vindt in Belém de grootste religieuze processie van Brazilië plaats. De beschermheilige van de vissers en Pará, de heilige moeder van Nazareth, wordt door de 6 km lange Via Sacra gedragen, vergezeld van vuurwerk en liederen. Op de plek waar de heilige verscheen, werd in navolging van Sint-Paulus in Rome een basiliek gebouwd.

Religion

Brazil's distinctive Catholicism, which went hand in hand with Portuguese colonization, underwent a very early change with the presence of indigenous peoples and then in the 16th century with the slave trade, when millions of black Africans came into the country. This lead to the parallel existence and mixing of the various religions. Today the Evangelical churches imported and financed from the USA are gaining in followers and political weight.

Religion

Le catholicisme, très présent au Brésil, fut importé par la colonisation portugaise. Il connut d'importantes transformations sous l'influence de la population autochtone indienne, puis, au XVIe siècle avec l'arrivée de millions d'esclaves noirs venus d'Afrique : diverses religions ont continué d'exister en parallèle ou ont fusionné avec lui. Aujourd'hui, les églises évangéliques implantées et financées par les États-Unis gagnent de nouveaux adeptes et acquièrent de plus en plus de poids politique.

Religion

Brasiliens ausgeprägter Katholizismus, der mit der portugiesischen Kolonisierung einherging, erfuhr durch die Präsenz indianischer Ureinwohner und dann im 16. Jahrhundert mit dem Sklavenhandel, als Millionen schwarzer Afrikaner ins Land kamen, sehr früh einen starken Wandel: Die parallele Existenz und die Vermischung der verschiedenen Religionen. Heute gewinnen die aus den USA importierten und finanzierten evangelikalen Kirchen an Gläubigen und politischem Gewicht.

Religión

El pronunciado catolicismo brasileño, que fue acompañado de la colonización portuguesa, sufrió un cambio muy temprano con la presencia de los pueblos indígenas y luego, en el siglo XVI, con la trata de esclavos, cuando millones de africanos negros entraron en el país: la existencia paralela y la mezcla de las distintas religiones. Hoy las iglesias evangélicas importadas y financiadas de los Estados Unidos están ganando fe y peso político.

Religião

O notável catolicismo brasileiro, que andou de mãos dadas com a colonização portuguesa, experimentou uma grande mudança desde a presença dos povos indígenas e depois, no século XVI, com o tráfico de escravos, quando milhões de negros africanos entraram no país: a existência paralela e a mistura de diferentes religiões. Hoje as igrejas evangélicas importadas e financiadas dos EUA estão ganhando crentes e peso político.

Religie

Het uitgesproken Braziliaanse katholicisme, dat vergezeld ging met de Portugese kolonisatie, onderging door de aanwezigheid van de indiaanse oerinwoners en vervolgens in de 16e eeuw met de slavenhandel, toen miljoenen zwarte Afrikanen het land binnenkwamen, zeer vroeg een grote verandering: het parallelle bestaan en de vermenging van de verschillende religies. Tegenwoordig winnen de uit de VS geïmporteerde en gefinancierde evangelische kerken aan gelovigen en politiek gewicht.

Maranhão & Ceará

São Luís, Maranhão

São Luís, Maranhão

Maranhão and Ceará
The federal states of the northeast extend over 1,000 km (621 miles) of Atlantic coast with the most beautiful beaches of Brazil. Fertile soils led to the early conquest and subjugation of the Indian tribes. The French occupied northern Maranhão and founded the capital São Luis in 1621. Ceará was conquered by the Portuguese in 1612.

Maranhão et Ceará
Ces deux États de la région Nordeste s'étendent sur plus de 1 000 km le long de la côte atlantique et possèdent les plus belles plages du pays. Dotée de sols fertiles, la région fut très tôt un objectif de conquête et les populations indiennes locales furent rapidement soumises. Les Français occupèrent les terres de Maranhão au nord et fondèrent en 1621 la capitale d'État São Luís. Le Ceará fut conquis en 1612 par les Portugais.

Maranhão und Ceará
Die Bundesstaaten des Nordostens erstrecken sich über 1000 km Atlantikküste mit den schönsten Stränden Brasiliens. Fruchtbare Böden führten zur frühen Eroberung und Unterwerfung der indianischen Stämme. Franzosen besetzten das nördliche Maranhão und gründeten 1621 die Hauptstadt São Luís. Ceará wurde 1612 von den Portugiesen erobert.

Maranhão y Ceará
Los estados federales del noreste se extienden a lo largo de 1000 km de costa atlántica con las playas más hermosas de Brasil. Los suelos fértiles condujeron a la conquista y subyugación de las tribus indígenas. Los franceses ocuparon el norte de Maranhão y fundaron la capital São Luís en 1621. Ceará fue conquistada por los portugueses en 1612.

Maranhão e Ceará
Os estados federais do nordeste estendem-se por mais de 1000 km de costa atlântica com as mais belas praias do Brasil. Os solos férteis levaram à conquista e submissão precoce das tribos indianas. Os franceses ocuparam o norte do Maranhão e fundaram a capital São Luís em 1621. Neste mesmo ano de 1612 o Ceará foi conquistado pelos portugueses.

Maranhão en Ceará
De deelstaten van het noordoosten strekken zich uit over 1000 km Atlantische kust met de mooiste stranden van Brazilië. Vruchtbare gronden leidden tot de vroege verovering en onderwerping van de indianenstammen. De Fransen bezetten het noordelijke Maranhão en stichtten in 1621 de hoofdstad São Luis. Ceará werd in 1612 door de Portugezen veroverd.

São Luís, Maranhão

São Luis
The city was named after the French King Louis XIII. In the 16th century, the French were expelled by the Portuguese who cultivated sugar cane. For a short time, Dutch colonizers took power. In the old town the wealth and splendor of the unique colonial architecture lives on.

São Luís
La ville porte le nom du roi français Louis XIII. Au XVIe siècle, les Français furent délogés par les Portugais qui y cultivèrent la canne à sucre. Pendant une courte période, les colons hollandais prirent également le pouvoir. La vieille ville témoigne encore de sa gloire et de sa richesse passées à travers son architecture coloniale exceptionnelle.

São Luís
Die Stadt wurde nach dem französischen König Louis XIII. benannt. Im 16. Jahrhundert wurden die Franzosen von den Portugiesen vertrieben, die Zuckerrohr anbauten. Für kurze Zeit übernahmen holländische Kolonisatoren die Macht. In der Altstadt lebt der alte Reichtum und Glanz der einzigartigen kolonialen Architektur fort.

São Luís
La ciudad lleva el nombre del rey francés Luis XIII. En el siglo XVI, los franceses fueron expulsados por los portugueses que cultivaban caña de azúcar. Por un corto tiempo, los colonizadores holandeses tomaron el poder. En el casco antiguo se conserva la antigua riqueza y el esplendor de la singular arquitectura colonial.

São Luís
A cidade recebeu o nome do rei francês Luís XIII. No século XVI, os franceses foram expulsos pelos portugueses, que cultivaram a cana-de-açúcar. Por um curto período de tempo, os colonizadores holandeses tomaram o poder. Na cidade velha vive a riqueza antiga e o esplendor da arquitetura colonial única.

São Luis
De stad werd vernoemd naar Lodewijk XIII van Frankrijk. In de 16e eeuw werden de Fransen verdreven door de Portugezen die suikerriet verbouwden. Een korte periode namen Nederlandse kolonisten de macht over. In de oude stad leeft de oude rijkdom en pracht van de unieke koloniale architectuur voort.

Bumba-meu-boi, São Luís, Maranhão

Bumba-meu-boi

In all regions of the north and northeast, the magnificent Bumba-meu-boi folk festival is celebrated in June with colorful costumes. The festival has existed since the 18th century on the streets and squares of São Luis. In a scenic dance with musical accompaniment, the legend of the miraculous healing of an ox is told.

Bumba-meu-boi

Dans toutes les régions du Nord et du Nord-Est, la population célèbre en juin la grande fête populaire Bumba-meu-boi en se parant de somptueux costumes. Ces festivités envahissent les rues et les places de São Luis depuis le XVIIIe siècle. Une mise en scène dansée, accompagnée de musique, narre la légende de la guérison miraculeuse d'un bœuf.

Bumba-meu-boi

In allen Regionen des Nordens und Nordostens wird im Juni das großartige Volksfest Bumba-meu-boi mit farbenprächtigen Kostümen gefeiert. Auf Straßen und Plätzen von São Luis gibt es das Fest bereits seit dem 18. Jahrhundert. In einem szenischen Tanz mit Musikbegleitung wird die Legende von der wundersamen Heilung eines Ochsen erzählt.

Bumba-meu-boi

En todas las regiones del norte y del noreste, se celebra en junio el magnífico festival folklórico Bumba-meu-boi con coloridos trajes. En las calles y plazas de São Luis, el festival existe desde el siglo XVIII. En una danza escénica con acompañamiento musical, se cuenta la leyenda de la curación milagrosa de un buey.

Bumba-meu-boi

Em todas as regiões do norte e nordeste, o magnífico festival folclórico do "Bumba-meu-boi" é celebrado com trajes coloridos em junho. Nas ruas e praças de São Luis o festival já existe desde o século XVIII. Em uma dança cênica com acompanhamento musical, conta-se a lenda da cura milagrosa de um boi.

Bumba-meu-boi

In alle regio's van het noorden en noordoosten wordt in juni het prachtige Bumba-meu-boi volksfeest met kleurrijke kostuums gevierd. Op de straten en pleinen van São Luis bestaat het festival al sinds de 18e eeuw. In een scenische dans met muzikale begeleiding wordt de legende van de wonderbaarlijke genezing van een os verteld.

Bumba-meu-boi, São Luís, Maranhão

Bumba-meu-boi, São Luís, Maranhão

Bumba-meu-boi, São Luís, Maranhão

The legend of the ox
Indian and African musical, dance and performative elements are at the forefront of the folklore festival. The story goes: The pregnant slave Catirina asks her husband Chico to bring her the tongue of an ox to eat. He kills the landowner's ox and is sent to prison. With the help of magic, the ox comes back to life.

La légende du bœuf
Musiques, danses et performances imprégnées de traditions indiennes et africaines sont au premier plan de la fête folklorique. Selon la légende, une esclave enceinte, Catirina, demanda à son époux Chico de lui apporter une langue de bœuf pour le repas. Il tua le bœuf de son propriétaire et fut jeté en prison. Cependant, sous l'effet de la magie, le bœuf revint à la vie.

Die Legende vom Ochsen
Indianische und afrikanische musikalische, tänzerische und performative Elemente stehen im Vordergrund des Folklorefests. Die Geschichte lautet: Die schwangere Sklavin Catirina bittet ihren Ehemann Chico, ihr eine Ochsenzunge zum Essen zu bringen. Er tötet den Ochsen des Gutsbesitzers und kommt ins Gefängnis. Mithilfe von Zauber kehrt der Ochse ins Leben zurück.

La leyenda del buey
Los elementos musicales, de danza y performativos indios y africanos están a la vanguardia del festival folklórico. La historia dice: la esclava embarazada Catirina le pide a su marido Chico que le traiga una lengua de buey para comer. Él mata al buey del dueño y va a prisión. Con la ayuda de la magia, el buey vuelve a la vida.

A lenda do boi
Os elementos musicais, de dança e performativos indianos e africanos estão em primeiro plano do festival folclórico. A história diz: a escrava grávida Catirina pede ao seu marido Chico que lhe traga uma língua de boi para comer. Ele mata o boi do dono e vai para a prisão. Com a ajuda da magia, o boi volta à vida.

De legende van de os
Indiaanse en Afrikaanse muzikale, choreografische en performatieve elementen staan op de voorgrond van het folklorefestival. Het verhaal luidt: De zwangere slavin Catirina vraagt haar man Chico om haar een ossentong te brengen om op te eten. Hij doodt de os van de landheer en belandt in gevangenis. Met behulp van magie komt de os weer tot leven.

Tuim-santo
Green-rumped Parrotlet

Babassu palm
The palm with the slender trunk grows 20 m (65 ft) high and has between seven and 29 palm leaves that grow 4-8 m (13-26 ft) tall. On long panicles, it bears between 240 and 720 fruits, which ripen and fall to the ground between August and December. They are mainly used to produce edible oil, but are also used as medicines.

Palmier babaçu
Ce palmier au tronc fin peut s'élever jusqu'à 20 m et compte entre 7 et 29 palmes mesurant de 4 à 8 m. Il porte, au bout de longues panicules, entre 240 et 720 noix, qui tombent au sol à maturité entre août et décembre. On en extrait essentiellement de l'huile alimentaire, mais elles sont également utilisées dans la pharmacopée locale.

Babassupalme
Die Palme mit dem schlanken Stamm wird 20 m hoch und hat zwischen sieben und 29 Palmblättern, die 4–8 m groß werden. An langen Rispen trägt sie zwischen 240 und 720 Früchte, die zwischen August und Dezember reif zu Boden fallen. Aus ihnen wird vor allem Speiseöl gewonnen, aber auch als Arzneimittel finden sie Verwendung.

Palma babasu
Esta palma de tronco delgado crece 20 m de altura y tiene entre 7 y 29 hojas de palma que crecen de 4 a 8 m de altura. Con panículas largas, produce entre 240 y 720 frutos, que caen maduros al suelo entre agosto y diciembre. Se utilizan principalmente para producir aceite comestible, pero también como medicamentos.

Palmeira de babaçu
A palmeira com o tronco delgado cresce até 20 m de altura e tem entre 7 e 29 folhas de palmeira, que chegam ao tamanho de 4-8 m. Com longas panículas, dá entre 240 e 720 frutos, que amadurecem no solo entre agosto e dezembro. Eles são usados principalmente para produzir óleo comestível, mas também são usados em produção de medicamentos.

Babassu palm
De palm met de slanke stam wordt 20 m hoog en heeft tussen de zeven en 29 palmbladeren die 4-8 m groot worden. Aan de lange pluimen draagt de palm tussen de 240 en 720 vruchten die tussen augustus en december rijp op de grond vallen. Ze worden vooral voor spijsolie gewonnen, maar ook als geneesmiddel toegepast.

Babaçu
Babassu palm

Parque Nacional dos Lençóis Maranhenses, Maranhão
Lençóis Maranhenses National Park, Maranhão

Parque Nacional dos Lençóis Maranhenses, Maranhão
Lençóis Maranhenses National Park, Maranhão

Lenções Maranhenses National Park
One of the most beautiful and spectacular experiences is to visit the wild lagoon landscape of the Lenções Maranhenses National Park, characterized by huge sand dunes. It stretches over 70 km (43 miles) of secluded beaches and a hinterland. There is a desert landscape with dunes up to 40 m (130 ft) high, in between which lagoons and rivers are formed in the rainy season. They dry up completely in the dry season, and have an unusual vegetation and animal species, which have adapted to the climate amazingly. Even the fish in the lagoons are unusual: Their eggs survive in the sand until the next rainy season and then the young fish splash around in the water.

Parc national des Lençóis Maranhenses
La visite du parc national des Lençóis Maranhenses, dont le paysage lagunaire sauvage est dominé par d'immenses dunes de sable, offre une expérience parmi les plus belles et spectaculaires. Il comprend plus de 70 km de plages isolées et un arrière-pays, zone désertique où certaines dunes culminent à 40 m. Entre les deux, dans les lagunes et cours d'eau qui se forment à la saison des pluies et se vident entièrement aux périodes sèches, vivent une végétation et une faune extraordinaires, étonnamment adaptées au climat. Ainsi, les œufs déposés par les poissons des lagunes patientent dans le sable jusqu'à la saison des pluies suivante, avant d'éclore et de libérer les alevins dans l'eau.

Nationalpark Lenções Maranhenses
Zu den schönsten und spektakulärsten Erlebnissen zählt es, die wilde, von riesigen Sanddünen geprägte Lagunenlandschaft des Nationalparks Lenções Maranhenses zu besuchen. Er erstreckt sich über 70 km lange, einsame Strände und ein Hinterland. Hier gibt es eine Wüstenlandschaft mit bis zu 40 m hohe Dünen, dazwischen bilden sich in der Regenzeit Lagunen und Flussläufe, die in der Trockenzeit komplett austrocknen, eine außergewöhnliche Vegetation und Tierarten, die sich dem Klima erstaunlich angepasst haben. Selbst Fische der Lagunen leisten Erstaunliches: Ihre Eier überdauern im Sand bis zur nächsten Regenzeit und junge Fische tummeln sich im Wasser.

Parque Nacional dos Lençóis Maranhenses, Maranhão
Lençóis Maranhenses National Park, Maranhão

Parque Nacional Lençóes Maranhenses
Una de las experiencias más bellas y espectaculares es visitar el paisaje lagunar salvaje del Parque Nacional Lençóes Maranhenses, caracterizado por enormes dunas de arena. Se extiende a lo largo de 70 km de playas solitarias y un hinterland. Hay un paisaje desértico con dunas de hasta 40 m de altura, entre lagunas y ríos que se forman en la época de lluvias, que se secan por completo en la época seca, una vegetación inusual y especies animales, que se han adaptado al clima de forma asombrosa. Incluso los peces de las lagunas hacen cosas increíbles: sus huevos sobreviven en la arena hasta la próxima estación de lluvias y los peces jóvenes retozan en el agua.

Parque Nacional dos Lençóis Maranhenses
Uma das experiências mais belas e espetaculares é visitar a paisagem selvagem da lagoa do Parque Nacional das Lençóis Maranhenses, caracterizada por enormes dunas de areia. Ele entra pelo continente e se estende por mais de 70 km de praias desertas. Há uma paisagem desértica com dunas de até 40 m de altura, entre lagoas e rios formados na estação chuvosa, que secam completamente na estação seca, uma vegetação incomum e espécies animais, que se adaptaram ao clima surpreendentemente. Até mesmo os peixes das lagoas fazem coisas incríveis: seus ovos sobrevivem na areia até a próxima estação chuvosa e os peixes jovens bricam na água.

Nationaal park Lençóis Maranhenses
Tot een van de mooiste en spectaculairste belevenissen behoort een bezoek aan het wilde, door enorme zandduinen ontstane lagunelandschap van het nationaal park Lençóis Maranhenses. Het strekt zich uit over 70 km lange, eenzame stranden en een achterland. Hier is een woestijnlandschap met duinen tot 40 m hoog. Daartussen vormen zich in de regentijd lagunes en rivierstromen die in de droge tijd compleet uitdrogen, een buitengewone vegetatie en diersoorten die zich verbazingwekkend aan het klimaat hebben aangepast. Zelfs vissen uit de lagunes kunnen iets wonderbaarlijks: hun eieren overleven tot de volgende regentijd in het zand en jonge vissen dartelen in het water.

Praia de Caetanos, Ceará
Caetanos Beach, Ceará

Praia de Icaraí de Amontada, Ceará
Icaraí de Amontada Beach, Ceará

Praia de Caetanos, Ceará
Caetanos Beach, Ceará

Cearas Beaches
Ceará breaks all records with 2,800 hours of sunshine. The idyllic fishing village of Caetano is located 200 km (124 miles) from the capital Fortaleza. Once a runaway slave hid in the sandy bay surrounded by coconut trees. Christian stone graves close to the seashore form a special backdrop.

Les plages de Ceará
Avec 2 800 heures de soleil par an, l'État de Ceará pulvérise tous les records. Le village de pêcheurs idyllique de Caetanos de Cima est situé à 200 km de la capitale d'État Fortaleza. Autrefois, un esclave en fuite s'était caché dans cette baie de sable couverte de palmiers. Les tombes chrétiennes installées sur la grève composent un décor particulier.

Cearás Strände
Mit 2800 Stunden Sonnenschein bricht Ceará alle Rekorde. Das idyllische Fischerdorf Caetano liegt 200 km von der Hauptstadt Fortaleza entfernt. Einst versteckte sich in der mit Kokospalmen bewachsenen Sandbucht ein entlaufener Sklave. Christliche Steingräber nah am Meeresstrand bilden eine besondere Kulisse.

Playas de Ceará
Con 2800 horas de sol, Ceará rompe todos los récords. El idílico pueblo pesquero de Caetano se encuentra a 200 km de la capital Fortaleza. Una vez un esclavo fugitivo se escondió en la bahía de arena cubierta de cocoteros. Las tumbas cristianas de piedra cerca de la orilla del mar le dan un aspecto de lo más especial.

Praias do Ceará
Com 2800 horas de sol o Ceará bate todos os recordes. A idílica vila de pescadores de Caetano está localizada a 200 km da capital Fortaleza. Uma vez um escravo fugitivo escapou escondendo-se na baía de areia coberta de coqueiros. As sepulturas cristãs de pedra perto da costa marítima formam um pano de fundo especial.

Stranden van Ceará
Met 2800 uren zonneschijn breekt Ceará alle records. Het idyllische vissersdorp Caetano ligt op 200 km afstand van de hoofdstad Fortaleza. Ooit verstopte zich in de met kokospalmen begroeide zanderige baai een weggelopen slaaf. Een bijzonder decor dicht bij de kust vormen de Christelijke, stenen graven.

Parque Nacional de Jericoacoara, Ceará
Jericoacoara National Park, Ceará

Praia de Taíba, Ceará
Taíba Beach, Ceará

Parque Nacional de Jericoacoara, Ceará
Jericoacoara National Park, Ceará

Pernambuco

Fernando de Noronha

Convento de Sao Francisco, Olinda

Igreja do Carmo de Olinda
Church of Carmo, Olinda

Pernambuco
The federal state with an area of 98,000 km² (37,838 sq mi) is as big as Portugal. In 1537 the Portuguese founded the coastal town of Olinda, whose wealth came from the slave trade and sugar cane exports. The Dutch replaced the Portuguese colonial rulers and moved the capital to Recife. The colonial past produced a cultural heritage that is still visible today.

Pernambuco
Avec une superficie de 98 000 km², cet État est aussi grand que le Portugal. En 1537, les Portugais y fondèrent la ville côtière d'Olinda qui s'enrichit de la traite des esclaves et de l'exportation de sucre. Les Hollandais reprirent le site aux colonisateurs portugais et déplacèrent la capitale à Recife. Le passé colonial de la région s'accompagna d'une période de prospérité culturelle dont les vestiges sont encore visibles aujourd'hui.

Pernambuco
Der Bundesstaat ist mit 98 000 km² so groß wie Portugal. 1537 gründeten die Portugiesen die Küstenstadt Olinda, deren Reichtum aus dem Sklavenhandel und Zuckerrohrexport stammt. Holländer lösten die portugiesischen Kolonialherren ab und verlegten die Hauptstadt nach Recife. Die koloniale Vergangenheit brachte eine kulturelle Blüte hervor, die bis heute sichtbar ist.

Pernambuco
El estado federal es, con sus 98 000 km², tan grande como Portugal. En 1537 los portugueses fundaron la ciudad costera de Olinda, cuya riqueza provenía de la trata de esclavos y de las exportaciones de caña de azúcar. Los holandeses reemplazaron a los gobernantes coloniales portugueses y trasladaron la capital a Recife. El pasado colonial produjo un florecimiento cultural que aún se percibe en la actualidad.

Pernambuco
O estado federal com a área de 98 000 km² é tão grande quanto Portugal. Em 1537 os portugueses fundaram a cidade costeira de Olinda, cuja riqueza provinha do comércio de escravos e da exportação de cana-de-açúcar. Os holandeses substituíram os governantes coloniais portugueses e mudaram a capital para Recife. O passado colonial produziu um florescimento cultural que ainda hoje é visível.

Pernambuco
De deelstaat is met 98 000 km² even groot als Portugal. In 1537 stichtten de Portugezen de kuststad Olinda, waarvan de rijkdom uit de slavenhandel en de export van suikerriet stamt. Nederlanders volgden de Portugese koloniale heersers op en verplaatsten de hoofdstad naar Recife. Het koloniale verleden bracht een culturele bloei teweeg die tot vandaag de dag zichtbaar is.

Baía do Sancho, Fernando de Noronha

Tartaruga-de-pente
Hawksbill sea turtle

Fernando de Noronha

The volcanic archipelago lies about 350 km (217 miles) from the mainland. Only the 17 km² (6.5 sq mi) large main island is inhabited. Since 1988 the archipelago has been under conservation and there are 15 endemic plant species and ten bird species on the island. Noronha is a paradise for divers due to its sandy bays with dolphins, sea turtles and intact coral reefs.

Fernando de Noronha

L'archipel volcanique est situé à 350 km du continent. Seule l'île principale de 17 km² est habitée. Site naturel protégé depuis 1988, l'archipel abrite 15 variétés de plantes et 10 espèces d'oiseaux endémiques. Avec ses criques sableuses, dans lesquelles s'ébattent dauphins et tortues marines, et ses coraux intacts, Noronha est un paradis pour les plongeurs.

Fernando de Noronha

350 km vom Festland entfernt liegt die vulkanische Inselgruppe. Nur die 17 km² große Hauptinsel ist bewohnt. Seit 1988 steht der Archipel unter Naturschutz. 15 endemische Pflanzenarten und zehn Vogelarten gibt es auf der Insel. Durch seine Strandbuchten, in denen sich Delfine und Meeresschildkröten tummeln, und intakten Korallen gilt Noronha als Paradies für Taucher.

Fernando de Noronha

A 350 km del continente se encuentra el archipiélago volcánico. Solo la gran isla principal de 17 km² está habitada. El archipiélago se considera zona natural protegida desde 1988. Hay 15 especies de plantas endémicas y 10 especies de aves en la isla. Con sus bahías de playa con delfines y tortugas marinas y corales intactos, Noronha es un verdadero paraíso para los buceadores.

Fernando de Noronha

A 350 km do continente encontra-se o arquipélago vulcânico. Apenas a grande ilha principal de 17 km² é habitada. Desde 1988 o arquipélago está sob proteção ambiental. Existem 15 espécies de plantas endêmicas e dez espécies de aves na ilha. Noronha é um paraíso para os mergulhadores devido às suas enseadas de praia com golfinhos e tartarugas marinhas e corais intactos.

Fernando de Noronha

De vulkanische archipel ligt op 350 km van het vaste land verwijderd. Alleen het 17 km² grote hoofdeiland is bewoond. Sinds 1988 staat de archipel onder natuurbescherming. Op het eiland zijn 15 endemische plantensoorten en 10 vogelsoorten. Door zijn strandbaaien, waarin dolfijnen en zeeschildpadden dartelen, en de intacte koralen, geldt Noronha als een paradijs voor duikers.

Golfinho-rotador
Spinner dolphins

Fernando de Noronha

Bezerros

Beija-flor
Hummingbird

Sertão

In the interior, 100-200 km (62-124 mi) from the coast, the dry scrubland, the Zona Agreste, which is suitable for livestock farming begins. Deeper in the wide hinterland is an arid area, the semi-desert of Sertão. The drought-stricken area, where the very short rainy season sometimes doesn't occur for years, offers a unique vegetation of cacti, thorn bushes and bromeliads. Wonders of nature happen when cloudbursts turn the country into an oasis for a short time. The legendary Lampião, the Robin Hood of Brazil, provided social justice at the beginning of the 20th century here and fought for the poor inhabitants against the authorities.

Sertão

À l'intérieur des terres, la *zona agreste,* brousse sèche adaptée à l'élevage, est éloignée de 100 à 200 km des côtes. Plus à l'intérieur du pays s'étend une zone aride, le Sertão semi-désertique. Durement éprouvée par des sécheresses catastrophiques, la région, dans laquelle les très courtes saisons pluvieuses font parfois défaut certaines années, offre une végétation unique composée de cactées, de buissons épineux et de broméliacées. La nature produit son miracle lorsque des pluies torrentielles transforment en peu de temps la région en oasis. C'est ici que le légendaire Lampião, Robin des Bois brésilien, luttait pour la justice sociale au début du XXe siècle et défendait les pauvres contre les autorités.

Sertão

Im Landesinnern, 100 bis 200 km von der Küste entfernt, beginnt das trockene Buschland, die Zona Agreste, die für Viehwirtschaft geeignet ist. Tiefer im weiten Hinterland erstreckt sich ein arides Gebiet, die Halbwüste Sertão. Die von Dürrekatastrophen heimgesuchte Gegend, in der die sehr kurze Regenzeit manchmal über Jahre ausfällt, wartet mit ihrer einzigartigen Vegetation von Kakteen, Dornbüschen und Bromelien auf. Wunder der Natur ereignen sich, wenn Wolkenbrüche das Land kurzfristig in eine Oase verwandeln. Hier sorgte der legendäre Lampião, der Robin Hood Brasiliens, Anfang des 20. Jahrhunderts für soziale Gerechtigkeit und kämpfte für die armen Bewohner gegen die Obrigkeit.

Cactos
Cactus

Sertão
En el interior, a entre 100 y 200 km de la costa, comienzan los matorrales secos, la zona agreste, apta para la ganadería. Más adentro en el amplio interior hay una zona árida, el semidesierto de Sertão. La zona afectada por la sequía, donde la corta estación de lluvias a veces está varios años sin sucederse, ofrece una vegetación única de cactus, arbustos espinosos y bromelias. Las maravillas de la naturaleza suceden cuando las nubes convierten al país en un oasis por un corto tiempo. Aquí el legendario Lampião, el Robin Hood de Brasil, hizo justicia social a principios del siglo XX y luchó por los habitantes pobres contra las autoridades.

Sertão
No interior, a 100 a 200 km da costa, inicia-se o matagal seco, a Zona Agreste, adequada para a pecuária. Mais à frente, no interior distante, estende-se uma área árida, o semi-deserto do Sertão. A área atingida pela seca, onde a estação chuvosa muito curta, ficando às vezes anos sem chover, oferece uma vegetação única de cactos, arbustos espinhosos e bromélias. As maravilhas da natureza acontecem quando as nuvens transformam o país em um oásis por um curto período de tempo. Aqui o lendário Lampião, o "Robin Hood" do Brasil, em busca de justiça social no início do século XX, lutava pelos habitantes pobres contra as autoridades.

Sertão
In het binnenland, 100 tot 200 km van de kust verwijderd, begint het droge bosland, de Zona Agreste, die geschikt is voor de veehouderij. Diep in het verre achterland strekt zich een dor gebied uit; de halfwoestijn van Sertão. Het door de droogtecatastrofen geteisterde gebied, waar het zeer korte regenseizoen soms jaren uitvalt, biedt een unieke vegetatie van cactussen, doornstruiken en bromelia's. Wonderen der natuur vinden plaats als wolkbreuken het land in korte tijd in een oase veranderen. Hier zorgde de legendarische Lampião, de Robin Hood van Brazilië, aan het begin van de 20e eeuw voor sociale rechtvaardigheid en streed voor de arme inwoners tegen de autoriteiten.

Recife

Recife, Rio Capibaribe
Recife, Capibaribe River

Recife
The metropolis with 1.6 million inhabitants is spread over three islands and has 7 km (4 mi) of city beaches, 50 canals and 39 bridges. It lies at the mouth of the Rio Capibaribe. The beautifully restored colonial buildings on the central square Praça do Marco Zero, where the city was founded, and the baroque churches, can compete in splendor and magnificence with highlights of the country like Salvador. Under Dutch colonial rule, Recife became the main port for sugar cane exports, and is protected by a natural reef.

Recife
La métropole, divisée en trois îles, compte 1,6 million d'habitants et dispose de 7 km de plages, 50 canaux et 39 ponts. Elle se situe à l'embouchure du río Capibaribe. Les édifices coloniaux magnifiquement restaurés de sa place centrale, Praça do Marco Zero, où fut fondée la ville initiale, et ses églises baroques n'ont rien à envier en matière de splendeur et d'éclat aux autres citadelles du pays, tel Salvador. Recife fut fondée par les colonisateurs hollandais en tant que premier port d'exportation de canne à sucre, protégé par un « récif » naturel.

Recife
Über 7 km Stadtstrand, 50 Kanäle und 39 Brücken verfügt die auf drei Inseln verteilte Metropole mit 1,6 Millionen Einwohnern. Sie liegt an der Mündung des Rio Capibaribe. Die schön restaurierten Kolonialbauten am zentralen Platz Praça do Marco Zero, wo die Stadt gegründet wurde, und die Barockkirchen, können es an Pracht und Glanz mit Hochburgen des Landes wie Salvador aufnehmen. Recife wurde unter der holländischen Kolonialherrschaft zum wichtigsten Hafen für den Zuckerrohrexport, der durch ein natürliches Riff geschützt war.

Praça do Marco Zero, Recife
Marco Zero Square, Recife

Recife
La metrópoli de 1,6 millones de habitantes está repartida en tres islas y cuenta con 7 km de playas urbanas, 50 canales y 39 puentes. Se encuentra en la desembocadura del Río Capibaribe. Los edificios coloniales bellamente restaurados en la plaza central Praça do Marco Zero, donde se fundó la ciudad, y las iglesias barrocas, pueden competir en brillo y esplendor con fortalezas del país como Salvador. Bajo el dominio colonial holandés, Recife se convirtió en el principal puerto de exportación de caña de azúcar, protegido por un arrecife natural.

Recife
A metrópole com 1,6 milhões de habitantes, espalhada por três ilhas, tem mais de 7 km de praias urbanas, 50 canais e 39 pontes. Fica na foz do Rio Capibaribe. Os belos edifícios coloniais lindamente restaurados na praça central Praça do Marco Zero, onde a cidade foi fundada, e as igrejas barrocas, podem competir em esplendor e brilho com fortalezas do país, assim como Salvador. Sob o domínio colonial holandês, Recife tornou-se o principal porto de exportação de cana-de-açúcar, protegido por um recife natural.

Recife
De over drie eilanden verspreide metropool met 1,6 miljoen inwoners beschikt over 7 km stadsstrand, 50 kanalen en 39 bruggen. De stad ligt aan de monding van de Rio Capibaribe. De fraai gerestaureerde koloniale gebouwen op het centrale plein Praça do Marco Zero, waar de stad werd gesticht, en de barokke kerken, kunnen wat betreft pracht en praal wedijveren met Braziliaanse bolwerken zoals Salvador. Recife werd onder Nederlands koloniaal bewind de belangrijkste haven voor de export van suikerriet, die door een natuurlijk rif was beschermd.

Olinda, Recife

Olinda

Olinda
The small town, nestled on green hills, was named "O linda", the beautiful one, and with 22 churches, eleven chapels and monasteries, it draws on the colonial past. Religious orders from Benedictines and Franciscans to Jesuits settled in the old capital. In small churches built by slaves statues of black saints can be admired. The colonial ensemble has been a UNESCO World Heritage Site since 1982. In the steep alleys there are lively bars and restaurants and the carnival of Olinda with Maracatu and Frevo rhythms is a popular attraction.

Olinda
La petite ville lovée au cœur de collines verdoyantes fut baptisée *O linda,* « la Belle », et vit encore sur son passé colonial, avec 22 églises, 11 chapelles et plusieurs cloîtres. Divers ordres, des bénédictins aux jésuites, en passant par les franciscains, s'installèrent dans cette ancienne capitale d'État. Dans les petites églises érigées par les esclaves, on honore des saints à la peau noire. Depuis 1982, l'ensemble colonial est inscrit au patrimoine mondial de l'Unesco. Dans les ruelles escarpées, bordées de bars et de restaurants, règne une vie joyeuse. Le carnaval d'Olinda, célébré au rythme du maracatu et du frevo, attire beaucoup de monde.

Olinda
Das Städtchen, auf grünen Hügeln gebettet, wurde „O linda", der Schöne, getauft und zehrt mit 22 Kirchen, elf Kapellen und Klöstern von der kolonialen Vergangenheit. Orden von Benediktinern über Franziskaner bis Jesuiten siedelten sich in der alten Hauptstadt an. In kleinen, von Sklaven errichteten Kirchen sind schwarze Heiligenfiguren zu bewundern. Seit 1982 zählt das koloniale Ensemble zum Weltkulturerbe der UNESCO. In den steilen Gassen mit Bars und Restaurants herrscht ein fröhliches Leben. Der Karneval von Olinda mit Maracatu- und Frevorhythmen übt eine große Anziehungskraft aus.

Olinda

Olinda
El pequeño pueblo, enclavado en verdes colinas, fue bautizado «Ó linda» (la bella) y, con sus 22 iglesias, once capillas y monasterios, se inspira en el pasado colonial. En la antigua capital se establecieron órdenes de benedictinos a franciscanos y jesuitas. En las pequeñas iglesias construidas por esclavos se pueden admirar figuras negras de santos. El conjunto colonial es Patrimonio de la Humanidad de la UNESCO desde 1982. En los empinados callejones con bares y restaurantes, la vida es alegre. El carnaval de Olinda, con sus ritmos de maracatu y frevo, es una atracción muy popular.

Olinda
A pequena cidade, aninhada em colinas verdes, foi batizada de "Ó linda", a bela, e com 22 igrejas, onze capelas e mosteiros, ela desfruta do passado colonial. Ordens de beneditinos, de franciscanos e de jesuítas se estabeleceram na antiga capital. Em pequenas igrejas construídas por escravos podem ser admiradas figuras negras de santos. Desde 1982 o conjunto colonial é Património Mundial da UNESCO. Nas ruelas íngremes com bares e restaurantes predomina uma alegre vida. O carnaval de Olinda com ritmos de Maracatu e Frevo oferece uma grande atração.

Olinda
Het op de groene heuvels gelegen stadje werd tot "O linda", de mooie, gedoopt en teert met 22 kerken, elf kapellen en kloosters op het koloniale verleden. Zowel orden van benedictijnen tot aan franciscanen en jezuïeten vestigden zich in de oude hoofdstad. In kleine, door slaven gebouwde kerken, zijn zwarte heiligenbeelden te bewonderen. Het koloniale ensemble staat sinds 1982 op de Werelderfgoedlijst van de UNESCO. In de steile steegjes met bars en restaurants heerst een vrolijk leven. Het carnaval van Olinda met Maracatu en Frevor ritmes heeft een grote aantrekkingskracht.

Alagoas

Pajuçara, Maceió

Ponta Verde, Maceió

Alagoas
With its 230 km (142 mi) of coastline, Alagoas, in the northeast, is one of the smaller states. Its name derives from the lagoons - Portuguese lagoa. The legendary Rio São Francisco, which is close to the capital Maceió, is very attractive. The former sugar cane plantation, which lies on three lagoons, grew into the coastal city. Today it has almost one million inhabitants. In addition to the lagoons, white, curved coconut palm beaches such as Ponta Verde and the turquoise blue sea are among the highlights. Excursions on the sea with ships reminiscent of the old Jangadas - fishing rafts - make Alagoas a popular destination.

Alagoas
Avec ses 230 km de côtes, cet État de la région Nordeste fait partie des plus petits. Son nom provient du portugais *lagoas*, « lagunes ». La région jouit de l'attrait du río São Francisco entouré de légendes, qui coule à proximité de la capitale de l'État, Maceió. Cette ville côtière, née des anciennes plantations de canne à sucre qui occupaient trois lagunes, compte aujourd'hui pratiquement un million d'habitants. Outre ses lagunes, l'État arbore des plages blanches cintrées bordées de palmiers, dont Ponta Verde, et des eaux turquoise. L'Alagoas est également prisé des touristes pour ses balades en mer à bord d'embarcations, évoquant les *jangadas* qui constituaient la flotte de pêche traditionnelle.

Alagoas
Mit seinen 230 Küstenkilometern zählt der Bundesstaat im Nordosten zu den kleineren. Sein Name leitet sich von den Lagunen – portugiesisch lagoa ab. Große Attraktivität geht vom legendenumwobenen Rio São Francisco aus, der nah an der Hauptstadt Maceió liegt. Aus der einstigen Zuckerrohrplantage, die an drei Lagunen liegt, erwuchs die Küstenstadt. Sie hat heute fast eine Million Einwohner. Neben den Lagunen zählen weiße, gebogene Kokospalmenstrände, wie in Ponta Verde und türkisblaues Meer zu den Highlights. Ausflüge auf das Meer mit Schiffen, die an die alten Jangadas – Fischerflöße – erinnern, machen Alagoas zum beliebten Reiseziel.

Caranguejo
Crab

Alagoas
Con sus 230 kilómetros de costa, el estado del noreste es uno de los más pequeños. Su nombre deriva de las lagunas (en portugués, «lagoa»). El legendario Río São Francisco, que está cerca de la capital Maceió, es muy atractivo. La antigua plantación de caña de azúcar, que se encuentra en tres lagunas, se convirtió en la ciudad costera. Hoy tiene casi un millón de habitantes. Además de las lagunas, las blancas playas curvadas llenas de cocoteros, como Ponta Verde y el mar azul turquesa, son algunos de los puntos más destacados. Las excursiones al mar con barcos que recuerdan a las antiguas jangadas (balsas de pesca) hacen de Alagoas un destino muy popular.

Alagoas
Com seus 230 quilômetros de litoral, é um dos menores estados do nordeste. O seu nome deriva de lagunas, às vezes também chamadas de lagoas em português. O lendário Rio São Francisco, que fica perto da capital Maceió, é uma grande atração. A antiga plantação de cana-de-açúcar, que fica em três lagunas, transformou-se na cidade costeira. Hoje tem quase um milhão de habitantes. Além das lagunas, destacam-se praias de areia branca e mar azul-turquesa, como a praia de Ponta Verde. Excursões ao mar com navios reminiscentes das antigas jangadas - jangadas de pesca - fazem de Alagoas um destino popular.

Alagoas
Met zijn 230 kilometer kustlijn behoort de deelstaat in het noordoosten tot één van de kleinere. De naam is van lagunes – Portugees lago – afgeleid. De legendarische Rio São Francisco, die dicht bij de hoofdstad Maceió ligt, is zeer attractief. Uit de vroegere ruikerrietplantage, die op drie lagunes ligt, komt de kuststad voort. Tegenwoordig heeft de stad bijna een miljoen inwoners. Naast de lagunes behoren zijn witte, gebogen kokospalmstranden zoals Ponta Verde en de turquoise blauwe zee tot de highlights. Excursies op zee met schepen die aan de oude jangada's - vissersbootjes – doen denken, maken van Alagoas een geliefde reisbestemming.

Pajuçara, Maceió

Praia do Francês, Marechal Deodoro

São Miguel dos Milagres

Bays and beaches
The most beautiful bays can often only be reached by boat. The Praia São Miguel dos Milagres - the miraculous Saint Michael - lies between the lagoon and the open sea. Praia do Francês is one of the most popular beaches near the capital. Reefs protect the bay, where in colonial times French traders tried to smuggle the valuable brazilwood. Today the reefs invite you for a swim and to the south there is an ideal beach for surfers. Green vegetation and blossoming trees enrich the well developed, but nevertheless still natural destination, which is equipped with attractive beach bars.

Criques et plages
Les plus belles criques ne sont souvent accessibles que par bateau. Praia de São Miguel dos Milagres est située entre une lagune et la pleine mer. Praia do Francês est l'une des plages les plus prisées à proximité de la capitale. Dans cette baie abritée par des récifs, des Français ont organisé la contrebande de bois-brésil au cours de la période coloniale. Aujourd'hui, ces mêmes récifs invitent simplement à la baignade. Plus au sud, s'étire une plage idéale pour les surfeurs. Une végétation verte et des arbres fleuris agrémentent ce site d'excursion bien développé et doté de charmants bars de plage, mais qui a su conserver son naturel.

Buchten und Strände
Die schönsten Buchten sind oft nur mit dem Boot zu erreichen. Der Praia São Miguel dos Milagres – der Wundertätige Heilige Michael – liegt zwischen Lagune und offenem Meer. Praia do Francês gehört zu den beliebtesten Stränden in der Nähe der Hauptstadt. Riffe schützen die Bucht, wo in der Kolonialzeit Franzosen versuchten, das wertvolle Brasilholz zu schmuggeln. Heute laden die Riffe zum Baden ein. Südlich erstreckt sich ein idealer Strand für Surfer. Grüne Vegetation und blühende Bäume bereichern das gut erschlossene, mit netten Strandbars ausgestattete, aber trotzdem naturbelassene Ausflugsziel.

Praia do Francês, Marechal Deodoro

Bahías y playas

A las bahías más bellas a menudo solo se puede llegar en barco. La Praia São Miguel dos Milagres (San Miguel de los Milagros) se encuentra entre la laguna y el mar abierto. La Praia do Francês es una de las playas más populares cerca de la capital. Los arrecifes protegen la bahía, donde en tiempos coloniales los franceses trataron de pasar de contrabando la valiosa madera de Brasil. Hoy los arrecifes invitan a nadar. Al sur es una playa ideal para los surfistas. La vegetación verde y los árboles en flor enriquecen este destino turístico bien desarrollado y equipado con bonitos chiringuitos, pero que no deja de ser natural.

Baías e praias

As baías mais bonitas só podem ser alcançadas de barco. A Praia de São Miguel dos Milagres - o milagroso São Miguel - fica entre a uma laguna e o mar aberto. A Praia do Francês é uma das praias mais populares perto da capital. Os recifes protegem a baía, onde na época colonial os franceses tentavam contrabandear o valioso pau-brasil. Hoje os recifes convidam-te para um mergulho. Ao sul encontra-se uma praia ideal para os surfistas. A vegetação verde e as árvores floridas enriquecem o destino ainda natural, apesar de bem desenvolvido, com bonitos bares equipados de praia.

Baaien en stranden

De mooiste baaien zijn vaak alleen per boot te bereiken. De Praia São Miguel dos Milagres – de wonderbaarlijke aartsengel Michaël - ligt tussen de lagune en de open zee. Praia do Francês is een van de meest geliefde stranden in de buurt van de hoofdstad. Riffen beschermen de baai waar in de koloniale tijd Fransen probeerden het waardevolle hout van de Brazielboom te smokkelen. Tegenwoordig nodigen de riffen uit tot zwemmen. In het zuiden strekt zich een ideaal strand voor surfers uit. Groene vegetatie en bloeiende bomen verrijken de goed ontwikkelde, met mooie strandbars uitgeruste, maar toch natuurlijke excursiebestemming.

Bahia

Salvador

Pelourinho, Salvador

Bahia

The state in the northeast is the cradle of Brazil. In Porto Seguro - "Safe Harbor" the Portuguese sailor Pedro Alvares Cabral went ashore in 1500. Bahia holds the record with 1,200 km (745 miles) of coastline. Palm beaches and mangroves on the one hand, mountain landscape with hot springs in the hinterland and the Sertão on the other hand attract many visitors. Salvador Bahia dos Santos, city of the Bay of All Saints, became the first capital of the colony and the main trading center for slaves. The natural harbor bay is guarded by Brazil's oldest fort, the Farol da Barra, the lighthouse. Today, 2.8 million people live in the modern city.

Bahia

Cet État du Nordeste est le berceau du peuple brésilien. En 1500, le navigateur portugais Pedro Álvares Cabral partit de Porto Seguro (« port sûr ») pour explorer le pays. Bahia compte 1 200 km de côtes, un record. Les touristes y affluent, attirés d'un côté par ses plages bordées de palmiers et ses mangroves, et de l'autre par son paysage montagneux parsemé de sources chaudes en arrière-pays et le Sertão. Salvador, ville située dans la Baie de tous les Saints, fut la première capitale de la colonie et une plaque tournante du commerce des esclaves. La baie naturelle est gardée par le plus ancien fort du Brésil et son phare, Farol da Barra. Aujourd'hui, la ville moderne compte 2,8 millions d'habitants.

Bahia

Der Bundesstaat im Nordosten ist die Wiege Brasiliens. In Porto Seguro – „Sicherer Hafen" ging der portugiesische Seefahrer Pedro Alvares Cabral im Jahr 1500 an Land. Mit 1200 km Küste hält Bahia den Rekord. Palmenstrände und Mangroven einerseits, Berglandschaft mit heißen Quellen im Hinterland und der Sertão andererseits locken viele Besucher an. Salvador Bahia dos Santos, Stadt der Allerheiligenbucht, wurde die erste Hauptstadt der Kolonie und Hauptumschlagplatz für Sklavenhandel. Bewacht wird die natürliche Hafenbucht von dem ältesten Fort Brasiliens mit dem Farol da Barra, dem Leuchtturm. Heute leben in der modernen Stadt 2,8 Millionen Menschen.

Baianas, Pelourinho, Salvador

Bahía

El estado del noreste es la cuna de Brasil. En Porto Seguro (puerto seguro), el navegante portugués Pedro Álvares Cabral desembarcó en 1500. Bahía ostenta el récord con 1200 km de costa. Las playas de palmeras y los manglares, por un lado, y el paisaje montañoso con aguas termales en el interior y el Sertão, por otro lado, atraen a muchos visitantes. Salvador Bahía de los Santos, ciudad de la Bahía de Todos los Santos, se convirtió en la primera capital de la colonia y en el principal centro de comercio de esclavos. La bahía natural del puerto está custodiada por el fuerte más antiguo de Brasil, el Farol da Barra, el faro. Hoy en día, 2,8 millones de personas viven en esta moderna ciudad.

Bahia

O estado federal do nordeste é o berço do Brasil. Em Porto Seguro - "porto de abrigo" - em 1500 desembarcou o marinheiro português Pedro Álvares Cabral. A Bahia detém o recorde com 1200 km de litoral. As praias de palmeiras e manguezais atraem muitos visitantes, por um lado com a paisagem montanhosa com fontes termais no interior e por outro lado com o a paisagem do Sertão. São Salvador da Bahia de Todos os Santos, nome que recebeu quando foi fundada, Salvador, a cidade localizada na Baía de Todos os Santos, tornou-se a primeira capital da colônia e o principal centro de comércio de escravos. A baía natural do porto é vigiada pelo Farol da Barra, o farol mais antigo do Brasil. Hoje, 2,8 milhões de pessoas vivem na moderna cidade.

Bahia

De deelstaat in het noordoosten is de bakermat van Brazilië. In Porto Seguro - "Veilige haven" ging de Portugese zeeman Pedro Alvares Cabral in her jaar 1500 aan land. Met 1200 km kust heeft Bahia het record. Palmstranden en mangroven aan de ene kant, berglandschap met warmwaterbronnen in het achterland en de Sertão aan de andere kant, trekken veel bezoekers aan. Salvador Bahia dos Santos, stad van de Allerheiligenbaai, werd de eerste hoofdstad van de kolonie en centrale overslagplaats van de slavenhandel. Bewaakt wordt de natuurlijke baai van de haven door het oudste fort van Brazilië met de Farol da Barra, de vuurtoren. Tegenwoordig wonen er 2,8 miljoen mensen in de moderne stad.

Baía de Todos-os-Santos, Salvador
Bay of All Saints, Salvador

Forte de São Marcelo, Salvador
São Marcelo Fort, Salvador

Salvador
The first settlement area was the narrow beach plateau at the harbour, today's lower town off the 70 m (230 ft) high steep coast. In 1549 the first governor of the colony appointed by the Portuguese king founded the city. Soon the settlement in the upper town and the construction of the governor's palace, churches and monasteries followed. At the same time the slave ships arrived in the harbor, above all with Bantu people from Angola. They were sold at Salvador's large slave market for work on the huge sugar cane plantations along the coast. In the 17th century, fortresses were built in the natural harbor to protect the rich capital.

Salvador
La première colonie s'installa sur l'étroit plateau côtier au niveau du port, devenu la partie basse de la ville au pied de la falaise de 70 m. Le premier gouverneur de la colonie désigné par le roi du Portugal fonda la ville en 1549. La colonisation se poursuivit rapidement sur les hauteurs, où furent bâtis le palais du gouverneur, des églises et des cloîtres. Pendant ce temps, les bateaux débarquaient de nombreux esclaves au port, essentiellement des Bantus venus d'Angola. Ils étaient vendus sur le grand marché aux esclaves de Salvador pour travailler dans les immenses plantations de canne à sucre de la côte. Au XVIIe siècle, des forteresses furent érigées dans le port naturel pour défendre la riche capitale.

Salvador
Erstes Siedlungsgebiet war das schmale Strandplateau am Hafen, die heutige Unterstadt vor der 70 m hohen Steilküste. 1549 gründete der erste vom portugiesischen König eingesetzte Gouverneur der Kolonie die Stadt. Bald schon folgten die Besiedlung in der Oberstadt und der Bau des Gouverneurspalast, von Kirchen und Klöstern. Parallel kamen im Hafen die Sklavenschiffe an, vor allem Bantu aus Angola. Sie wurden auf dem großen Sklavenmarkt Salvadors für die Arbeit auf den riesigen Zuckerrohrplantagen entlang der Küste verkauft. Im 17. Jahrhundert entstanden im Naturhafen Festungen zum Schutz der reichen Hauptstadt.

Forte de Nossa Senhora de Monte Serrat, Salvador
Monserrat Fort, Salvador

Salvador

La primera zona de asentamiento fue la estrecha meseta de la playa en el puerto, hoy en día la ciudad más baja de la costa de 70 m. En 1549, el primer gobernador de la colonia nombrado por el rey portugués fundó la ciudad. Pronto se produjo el asentamiento en la parte alta de la ciudad y la construcción del palacio del gobernador, las iglesias y los monasterios. Al mismo tiempo, los barcos de esclavos llegaron al puerto, sobre todo los bantúes de Angola. Fueron vendidos en el gran mercado de esclavos de Salvador para trabajar en las enormes plantaciones de caña de azúcar a lo largo de la costa. En el siglo XVII se construyeron fortalezas en el puerto natural para proteger el rico capital.

Salvador

A primeira área de povoamento foi o estreito planalto da praia no porto, hoje a cidade mais baixa da costa íngreme de 70 m de altura. Em 1549, o primeiro governador da colónia nomeado pelo rei português fundou a cidade. Logo se seguiu o assentamento na cidade alta e a construção do Palácio do Governador, igrejas e mosteiros. Ao mesmo tempo, os navios de escravos chegaram ao porto, sobretudo os escravos bantus provenientes de Angola. Eles foram vendidos no grande mercado de escravos de Salvador para trabalhar nas enormes plantações de cana-de-açúcar ao longo da costa. No século XVII, foram construídas fortalezas no porto natural para proteger a rica capital.

Salvador

Het eerste nederzettingsgebied was het smalle strandplateau aan de haven, de huidige benedenstad voor de 70 m hoge steile kust. In 1549 stichtte de eerste door de Portugese koning ingezette gouverneur van de kolonie de stad. Al snel volgden de nederzetting in de bovenstad en de bouw van het gouverneurspaleis, kerken en kloosters. Tegelijkertijd arriveerden de slavenschepen in de haven, vooral Bantoe uit Angola. Ze werden verkocht op de grote slavenmarkt van Salvador voor het werk op de enorme suikerrietplantages langs de kust. In de 17e eeuw ontstonden in de natuurlijke haven vestigingen ter bescherming van de rijke hoofdstad.

Elevador Lacerda, Salvador

Elevador Lacerda
The elevator, built in 1930, connects the lower and upper town over a height of 70 m (230 ft). At the top is the Praça Municipal and the Governor's Palace in the middle of the city center. In order to walk or drive there, one needs to take a lot of detours and to overcome very steep alleys.

Elevador Lacerda
L'ascenseur, bâti en 1930, relie les villes basse et haute séparées par un dénivelé de 70 m. On arrive en haut sur la Praça Municipal avec, en son centre, le palais du gouverneur. S'y rendre à pied ou en voiture nécessite en revanche de grands détours, à travers des ruelles fortement escarpées.

Elevador Lacerda
Der 1930 gebaute Aufzug verbindet die Unter- mit der Oberstadt über eine Höhe von 70 m. Oben angekommen ist man am Praça Municipal und dem Gouverneurspalast mitten im Zentrum. Um den Weg zu Fuß oder mit dem Auto zu bestreiten, bedarf es größerer Umwege und die Überwindung sehr steiler Gassen.

Elevador Lacerda
El ascensor, construido en 1930, conecta la parte baja y alta de la ciudad a una altura de 7 m. Llegando a la cima se encuentra la Plaza Municipal y el Palacio del Gobernador en el centro de la ciudad. Para caminar o conducir, se necesitan muchos desvíos y superar callejones muy empinados.

Elevador Lacerda
O elevador, construído em 1930, liga a cidade baixa à cidade alta a uma altura de 70 m. Chegando ao topo encontra-se a Praça Municipal e o Palácio do Governador localizado mesmo no centro da cidade. Para percorrer à pé ou de carro, são necessários grandes desvios e a superação de vielas muito íngremes.

Elevador Lacerda
De in 1930 gebouwde lift verbindt de beneden- en bovenstad over een hoogte van 70 m met elkaar. Boven aangekomen is men bij de Praça Municipal en het gouverneurspaleis in het midden van het centrum. Om de weg te voet of per auto te nemen zijn grotere omwegen nodig en het overwinnen van zeer steile steegjes.

Pelourinho, Salvador

Old town quarter
In the upper town lies the historic quarter of Pelourinho, named after the central pillory square, where slaves were chained and punished. Salvador is proud of its 365 churches. The baroque architecture of the old town with 3,000 historic buildings is unique for Brazil.

La vieille ville
Le quartier historique Pelourinho est situé dans la ville haute. Il porte le nom de la place du pilori où les esclaves étaient enchaînés et punis. Salvador s'enorgueillit de posséder 365 églises. L'architecture baroque de la vieille ville et ses 3 000 bâtiments historiques sont uniques au Brésil.

Altstadtviertel
In der Oberstadt liegt das historische Viertel Pelourinho, benannt nach dem zentralen Prangerplatz, an dem Sklaven in Ketten gelegt und bestraft wurden. Salvador rühmt sich 365 Kirchen zu haben. Die Barockarchitektur der Altstadt mit 3000 historischen Gebäuden ist einzigartig für Brasilien.

Casco antiguo
En la parte alta de la ciudad se encuentra el barrio histórico de Pelourinho, que debe su nombre a la plaza central de la picota, donde se encadenaba y castigaba a los esclavos. Salvador cuenta con 365 iglesias. La arquitectura barroca de la ciudad vieja con 3000 edificios históricos es única para Brasil.

Bairro antigo da cidade
No alto da cidade fica o bairro histórico do Pelourinho, nomeado em homenagem à praça central do pelourinho, onde os escravos eram acorrentados e punidos. Salvador possui 365 igrejas. A arquitetura barroca da cidade velha com 3000 edifícios históricos é única em todo Brasil.

Oude stadswijk
In de bovenstad ligt de historische wijk Pelourinho, genoemd naar het plein met schandpaal waar de slaven werden geketend en gestraft. Salvador beroemt zich op 365 kerken. De barokke architectuur van de oude stad met 3000 historische gebouwen is uniek voor Brazilië.

Igreja da Ordem Terceira de Nossa Senhora do Rosário dos Pretos, Pelourinho, Salvador
Church of the Third Order of Our Lady of the Rosary of the Black People, Pelourinho, Salvador

Baiana

Baianas
The Baianas are the priestesses of the street. They have a high position in the Candomblé cult. On feast days, when the African deities like Omolú are honoured, they spring into action. They celebrate Omulú by symbolically bathing him in popcorn, his favorite food.

Baianas
Les *baianas* sont les prêtresses des rues. Elles jouent un rôle essentiel dans le culte du candomblé. Elles entrent en action à l'occasion des jours de fête consacrés à honorer les divinités africaines, telles qu'Omolú. Elles célèbrent ce dernier en le baignant symboliquement de pop-corn, son mets préféré.

Baianas
Die Baianas sind die Priesterinnen der Straße. Sie haben eine hohe Stellung im Candomblé-Kult. An Festtagen, wenn die afrikanischen Gottheiten wie Omolú geehrt werden, treten sie in Aktion. Sie feiern Omulú, indem sie ihn symbolisch in Popcorn, seiner Lieblingsspeise baden, d.h. mit Popcorn überschütten.

Baianas
Las Bahianas son las sacerdotisas de la calle. Tienen una alta posición en el culto al Candomblé. En los días festivos, cuando las deidades africanas son honradas como Omolú, pasan a la acción. Celebran Omulú bañándolo simbólicamente en palomitas de maíz, su comida favorita.

Baianas
As baianas são como sacerdotisas da rua. Têm uma posição elevada no culto do Candomblé. Nos dias de festa, quando as divindades africanas como Omolú são homenageadas, elas entram em ação. Elas celebram o Omulú banhando-o simbolicamente com sua comida favorida, a pipoca.

Baiana's
De baiana's zijn de priesteressen van de straat. Ze hebben een hoge positie in de Candomblé-cultus. Op feestdagen, wanneer de Afrikaanse godheden zoals Omolú worden geëerd, komen ze in actie. Ze vieren Omulú door hem symbolisch onder popcorn, zijn favoriete eten, te bedelven.

Baiana

Farol da Barra, Salvador

Capoeira

Capoelra
The gods of the Pantheon of the black African religion Candomblé are regularly invoked with drums on the city beach at the Barra. The music of the berimbau - a simple stringed instrument - accompanies a ritual dance: Capoeira. Today it is presented as a wild dance and fighting sport, which requires the greatest mobility and body control. Originally Capoeira served as self-defense for the black slaves, whose bound hands left only their legs and upper body for defense. Capoeira ensembles have been performing in folklore shows for a long time and Capoeira schools are very popular all over the world.

Capoelra
Sur la plage de Barra, les tambours appellent régulièrement les dieux du panthéon du candomblé, religion originaire d'Afrique noire. À l'invitation musicale du berimbau, instrument à corde simple, ils sont rejoints par une danse rituelle : la capoeira. Si elle prend aujourd'hui la forme d'un art martial dansé nécessitant une grande mobilité et une maîtrise extrême de son corps, la capoeira était à l'origine une technique d'auto-défense, développée par les esclaves africains. Ayant les mains attachées, ils ne pouvaient utiliser que leurs jambes et leur buste. Les groupes de capoeira participent depuis longtemps aux spectacles folkloriques et les écoles sont très appréciées dans le monde entier.

Capoeira
Am Stadtstrand an der Barra werden mit Trommeln regelmäßig die Götter des Pantheon der schwarzafrikanischen Religion Candomblé angerufen. Dazu findet mit Musikbegleitung der Berimbau – ein einfaches Saiteninstrument – ein ritueller Tanz statt: die Capoeira. Sie kommt heute als wilder Tanzkampfsport daher, der größte Beweglichkeit und Körperbeherrschung voraussetzt. Ursprünglich diente Capoeira der Selbstverteidigung der schwarzen Sklaven, die bei gefesselten Händen nur die Beine und Oberkörper zur Verteidigung einsetzen konnten. Seit langem treten Capoeira-Ensembles in Folklore-Shows auf und auf der ganzen Welt erfreuen sich Capoeira-Schulen großer Beliebtheit.

Percussionista
Percussionist

Capoeira
Los dioses del panteón de la religión negra africana Candomblé son invocados regularmente con tambores en la playa de la ciudad en la Barra. El berimbau (un instrumento de cuerda simple) se acompaña de música y una danza ritual: el capoeira. Hoy en día se presenta como un deporte de lucha de baile salvaje que requiere una máxima movilidad y control del cuerpo. Originalmente el capoeira servía para la autodefensa de los esclavos negros, que solo podían usar las piernas y la parte superior del cuerpo con las manos atadas para defenderse. Los grupos de capoeira han estado actuando en espectáculos folclóricos durante mucho tiempo y las escuelas de capoeira son muy populares en todo el mundo.

Capoeira
Os deuses do Panteão da religião negra africana Candomblé são regularmente invocados com tambores na praia da Barra. Além disso, acompanhada por uma música do berimbau - um simples instrumento de cordas – acontece uma dança ritual: a capoeira. Hoje em dia conhecida como um esporte de luta de dança com movimentos selvagens, que requer grande mobilidade e controle do corpo. Originalmente a capoeira servia de autodefesa dos escravos negros, que só podiam usar as pernas e a parte superior do corpo para a defesa com as mãos atadas. Os grupos de capoeira vêm se apresentando em shows folclóricos por um longo tempo e as escolas de capoeira tornaram-se muito populares em todo o mundo.

Capoeira
Met trommels worden aan de stadsrand van Barra regelmatig de goden van de eretempel van de zwart Afrikaanse religie Candomblé opgeroepen. Daarbij vindt met muzikale begeleiding van de berimbau - een eenvoudig snaarinstrument – een rituele dans plaats: de capoeira. Vandaag de dag wordt ze als wilde dansvechtsport gezien die veel beweeglijkheid en lichaamsbeheersing vereist. Oorspronkelijk diende capoeira tot zelfverdediging van de zwarte slaven, die bij geboeide handen alleen de benen en het bovenlichaam ter verdediging konden gebruiken. Al lange tijd treden capoeira-ensembles op in folklore-shows en wereldwijd zijn de capoeira-scholen zeer populair.

Barraca de suco
Juice bar

Bahian Cuisine
Acarajé is very popular among the ceremonial dishes of the Afro-Brazilian people: Small balls of black beans and spices fried in palm oil and optionally filled with dried prawns and hot chilli. Or Vatapá, which is a thick sauce made from ground nuts, crabs, coconut milk and palm oil.

Cuisine bahianaise
Parmi les mets cérémoniels de la cuisine afro-brésilienne, l'acarajé est particulièrement prisé : il se compose de boulettes de haricots noirs et d'épices, frites dans l'huile de palme et farcies au choix avec du crabe séché ou du piment fort. Autre spécialité succulente, le vatapá, une sauce épaisse composée de cacahouètes écrasées, de crabe, de lait de coco et d'huile de palme.

Bahianische Küche
Unter den zeremoniellen Speisen der afro-brasilianischen Bevölkerung ist Acarajé sehr beliebt: Bällchen aus schwarzen Bohnen und Gewürzen, die in Palmöl frittiert und wahlweise mit getrockneten Krabben und scharfem Chili gefüllt werden. Oder auch Vatapá: eine dicke Soße aus gemahlenen Nüssen, Krabben, Kokosmilch und Palmöl.

Cocina Bahiana
Acarajé es muy popular entre los platos ceremoniales del pueblo afrobrasileño: bolitas de frijoles negros y especias fritas en aceite de palma y opcionalmente rellenas de camarones secos y chile picante. O Vatapá: una salsa espesa hecha de nueces molidas, cangrejos, leche de coco y aceite de palma.

Cozinha Baiana
O acarajé é muito popular entre os pratos cerimoniais do povo afro-brasileiro: pequenas bolas de feijão preto e especiarias fritas em azeite-de-dendê e opcionalmente recheadas com camarões secos e pimenta malagueta. Ou o vatapá: um molho grosso feito de nozes moídas, caranguejos, leite de coco e azeite-de-dendê.

Bahiaanse keuken
Onder de ceremoniële gerechten van de Afro-Braziliaanse bevolking is acarajé zeer geliefd: bolletjes van zwarte bonen en kruiden die in palmolie worden gefrituurd en naar keuze met gedroogde krabben en scherpe chili worden gevuld. Of ook vatapá: een dikke saus van gemalen noten, krabben, kokosmelk en palmolie.

SALGADOS

QUEIJO COALHO

BARREADO DE MORRETES

ABARÁ

PASTÉIS

PASTEL DE BACALHAU

FEIJOADA

COXINHA

ACARAJÉ

COMIDAS TÍPICAS

VATAPÁ

PAO INTEGRAL

ACARAJÉ

MOQUECA BAIANA

Fita do Senhor do Bonfim, Salvador
Tape of Lord of Bonfim, Salvador

Senhor do Bonfim
The third Sunday in January is the highest religious holiday in Bahia: Over two days Nosso Senhor do Bonfim, the pilgrimage church at the Bay of All Saints, is visited and "Our Lord" is honored. Colorful ribbons with the inscription "Senhor do Bonfim" decorate the whole city and are tied around the wrists.

Senhor do Bonfim
La plus grande fête religieuse de Bahia se déroule le troisième dimanche de janvier : pendant deux jours, la population se rend à Nosso Senhor do Bonfim, église de pèlerinage installée dans la Baie de tous les Saints, pour prier. De petits rubans portant l'inscription « Senhor do Bonfim » (« Seigneur de la Bonne Fin ») parent la totalité de la ville et les poignets des Bahianais.

Senhor do Bonfim
Am dritten Sonntag im Januar ist der höchste religiöse Feiertag in Bahia: Über zwei Tage wird Nosso Senhor do Bonfim, die Wallfahrtskirche an der Allerheiligenbucht, besucht und „Unser Herr" gepriesen. Bunte Glücksbändchen mit der Aufschrift „Senhor do Bonfim" schmücken die ganze Stadt und werden um die Handgelenke gebunden.

Senhor do Bonfim
El tercer domingo de enero se celebra la fiesta religiosa más importante de Bahía: durante dos días se visita Nosso Senhor do Bonfim, la iglesia de peregrinación de la Bahía de Todos los Santos, y se alaba a «Nuestro Señor». Toda la ciudad se decora con cintas de colores con la inscripción «Senhor do Bonfim», que también se atan alrededor de las muñecas.

Senhor do Bonfim
O terceiro domingo de janeiro é o feriado religioso mais importante da Bahia: durante dois dias é visitada a Igreja Nosso Senhor do Bonfim, a igreja de peregrinação na Baía de Todos os Santos, e "Nosso Senhor" é louvado. Fitas coloridas com a inscrição "Senhor do Bonfim" decoram toda a cidade e são enroladas nos pulsos.

Señor do Bonfim
De derde zondag van januari is de hoogste religieuze feestdag in Bahia: gedurende twee dagen wordt de Nosso Senhor do Bonfim, de bedevaartskerk aan de Allerheiligenbaai, bezocht en wordt "Onze Lieve Heer" geprezen. Kleurrijke geluksbandjes met het opschrift "Senhor do Bonfim" sieren de hele stad en worden om de polsen gedragen.

Fita do Senhor do Bonfim, Salvador
Tape of Lord of Bonfim, Salvador

Praia do Forte

Praia do Forte

Praia do Forte
The beach owes its name "beach at the fortress" to the former fort, which is now a ruin. The white beach and the former fishing village can be reached via the coconut-lined palm road. Here an ecologically exemplary beach resort with low buildings, a small old chapel, a coconut palm grove and a sea turtle breeding sanctuary was created.

Praia do Forte
La plage doit son nom de « plage de la forteresse » à l'ancien fort aujourd'hui en ruine. On parvient à la plage de sable blanc et à l'ancien village de pêcheurs par la route des cocotiers. Un site touristique écologiquement exemplaire y a été aménagé, comprenant des bâtiments bas, une chapelle ancienne, une petite palmeraie et une réserve de tortues marines.

Praia do Forte
Seinen Namen „Strand an der Festung" verdankt der Strand dem ehemaligen Fort, das heute eine Ruine ist. Über die Straße der Kokospalmen erreicht man den weißen Strand und das ehemalige Fischerdorf. Hier entstand ein ökologisch vorbildliches Strandresort mit niedrigen Bauten, einer kleinen alten Kapelle, einem Kokospalmenwäldchen und einer Meeresschildkrötenzucht.

Praia do Forte
La playa debe su nombre «playa de la fortaleza» a la antigua fortaleza, que actualmente se encuentra en ruinas. Se puede llegar a la playa blanca y al antiguo pueblo de pescadores por el camino de cocoteros. Aquí se creó un balneario ejemplar desde el punto de vista ecológico con edificios bajos, una pequeña capilla antigua, un palmeral de cocoteros y un criadero de tortugas marinas.

Praia do Forte
A praia deve o seu nome "praia da fortaleza" ao antigo forte, que agora é uma ruína. A praia branca e a antiga vila de pescadores podem ser alcançadas pela estrada de coqueiros. Aqui foi criada uma estância balnear ecologicamente exemplar, com edifícios baixos, uma pequena capela antiga, um coqueiral e uma criação de tartarugas marinhas.

Praia do Forte
Zijn naam "strand bij de vesting" heeft het strand te danken aan het voormalige fort dat nu een ruïne is. Over de straat van de kokospalmen bereikt men het witte strand en het voormalige vissersdorp. Hier ontstond een voorbeeldige ecologisch badplaats met lage gebouwen, een kleine oude kapel, een klein kokospalmenbos en een broedplaats voor zeeschildpadden.

Guarajuba

Arquipélago de Abrolhos
Houtman Abrolhos

South Coast of Bahia

The Abrolhos archipelago, which already inspired the discoverer Américo Vespucci in 1503, is located in front of the whale and explorer coast in southern Bahia. 80 km (262 ft) off the coast there are five islands with intact coral reefs and a rich flora and fauna. This is why the legendary sailing ship Beagle with Charles Darwin on board anchored here in 1832. The marine national park covers 913 km² (350 sq mi) and is an important marine reserve that can only be entered during the day. On the island of Santa Barbara there are only a few buildings and an old lighthouse. Snorkelling and diving are the main activities of the visitors and from June to October you can observe humpback whales.

Côte sud de Bahia

L'archipel des Abrolhos est situé au sud de Bahia, au large de la côte de la Découverte, ou côte des Baleines ; en 1503, il impressionna déjà l'explorateur Amerigo Vespucci. À 80 km de la côte, cinq îles et un récif corallien intact abritent une faune et une flore très riches. C'est pour cette raison que le voilier *Beagle* de Charles Darwin y jeta l'ancre en 1832. Le parc national marin de 913 km² constitue une réserve marine essentielle, accessible uniquement en journée. Seule l'île de Santa Barbara possède quelques constructions, ainsi qu'un ancien phare. La plongée avec tuba ou bouteille est la principale activité des visiteurs. De juin à octobre, on peut y observer des baleines à bosse.

Südküste Bahias

Der Wal- und Entdeckerküste im südlichen Bahia vorgelagert befindet sich das Archipel Abrolhos, das 1503 schon den Entdecker Américo Vespucci begeisterte. 80 km vor der Küste liegen fünf Inseln, die intakte Korallenriffe sowie eine reiche Tier und Pflanzenwelt bieten. Deshalb ging das legendäre Seegelschiff Beagle mit Charles Darwin hier 1832 vor Anker. Der marine Nationalpark umfasst 913 km² und ist ein wichtiges Meeresschutzgebiet, das nur tagsüber betreten werden darf. Nur auf der Insel Santa Barbara gibt es einige Gebäude und einen alten Leuchtturm. Schnorcheln und Tauchen sind das Hauptprogramm der Besucher. Von Juni bis Oktober kann man Buckelwale beobachten.

Baleia-jubarte
Humpback whale

Costa Sur de Bahía
El archipiélago de Abrolhos, que ya inspiró al descubridor Américo Vespucci en 1503, está situado frente a la costa de ballenas y descubridores en el sur de Bahía. A 80 km de la costa hay cinco islas con arrecifes de coral intactos y una rica flora y fauna. Es por eso que el legendario velero Beagle con Charles Darwin ancló aquí en 1832. El parque nacional marino tiene una superficie de 913 km^2 y es una importante reserva marina a la que solo se puede acceder durante el día. Solo en la isla de Santa Bárbara hay algunos edificios y un antiguo faro. El esnórquel y el buceo son las principales actividades de los visitantes. De junio a octubre se pueden observar ballenas jorobadas.

Costa Sul da Bahia
O arquipélago de Abrolhos está localizado em frente à costa das baleias e do descobrimento no sul da Bahia. Em 1503, o arquipélago inspirou o descobridor Américo Vespucci. A 80 km da costa existem cinco ilhas com recifes de coral intactos e uma rica flora e fauna. É por isso que o lendário veleiro Beagle com Charles Darwin ancorou aqui em 1832. O parque nacional marinho cobre 913 km^2 e é uma importante reserva marinha que só pode ser visitada durante o dia. Só na ilha de Santa Bárbara existem alguns edifícios e um velho farol. Snorkel e mergulho são as principais atividades dos visitantes. De junho a outubro pode-se observar baleias jubarte.

Zuidkust van Bahia
Voor de walvis- en ontdekkerskust in het zuidelijke Bahia ligt de Abrolhos-archipel die in 1503 al de ontdekker Américo Vespucci inspireerde. 80 km voor de kust liggen vijf eilanden met intacte koraalriffen en een dieren- en plantenwereld. Daarom ging het legendarische zeilschip Beagle met Charles Darwin hier in 1832 voor anker. Het Marine National Park omvat 913 km^2 en is een belangrijk zeereservaat dat alleen overdag toegankelijk is. Alleen op het eiland Santa Barbara zijn er enkele gebouwen en een oude vuurtoren. Snorkelen en duiken zijn de belangrijkste activiteiten van de bezoekers. Van juni tot oktober kan men hier bultrugwalvissen observeren.

Parque Nacional da Chapada Diamantina
Chapada Diamantina National Park

Poço Azul, Parque Nacional da Chapada Diamantina
Poço Azul, Chapada Diamantina National Park

Diamond region
It was not until 1822 that diamonds were found in the mountains in the Bahian hinterland, the Chapada de Diamantina. The small town of Lençóis is a former diamond town where dropouts have settled since the 1970s. The reason is the charming nature and landscape of the table mountains with waterfalls, hot springs, sandstone caves and rock plateaus. The national park with an area of 1,520 km² (586,9 sq mi) was founded in 1985. For trips lasting several days, staying overnight in caves is a tradition, but there are also pleasant small hotels and guesthouses.

Région des diamants
Ce n'est qu'en 1822 que furent découverts les premiers diamants dans les montagnes de l'arrière-pays de Bahia, baptisées Chapada Diamantina. La petite ville de Lençóis qui vécut un temps des diamants, vit s'installer dans les années 1970 des groupes de marginaux, attirés par les charmes de la nature et son paysage réunissant montagnes à plateaux, sources chaudes, grottes de grès et formations rocheuses. Un parc naturel de 1 520 km² fut créé en 1985. Les excursions de plusieurs jours prévoient traditionnellement un bivouac dans les grottes, mais la région compte également de charmants petits hôtels et des pensions.

Diamantengebiet
Erst 1822 wurden in den Bergen im bahianischen Hinterland, der Chapada de Diamantina, Diamanten gefunden. Die Kleinstadt Lençóis ist ein ehemaliges Diamantenstädtchen, in dem sich seit den 1970er Jahren Aussteiger niedergelassen haben. Grund ist die reizvolle Natur und Landschaft der Tafelberge mit Wasserfällen, heißen Quellen, Sandsteinhöhlen und Felsplateaus. 1985 wurde der 1520 km² große Nationalpark gegründet. Bei mehrtägigen Ausflügen ist Übernachten in Höhlen Tradition, aber es gibt auch schöne kleine Hotels und Pensionen.

Poço Azul, Parque Nacional da Chapada Diamantina
Poço Azul, Chapada Diamantina National Park

Región diamantina
Hasta 1822 no se encontraron diamantes en las montañas del interior de Bahía, la Chapada de Diamantina. La pequeña ciudad de Lençóis es una antigua ciudad de diamantes donde los desertores se han asentado desde la década de 1970. La razón es la naturaleza encantadora y el paisaje de las mesetas con cascadas, aguas termales, cuevas de arenisca y mesetas de roca. El parque nacional de 1520 km^2 se fundó en 1985. Para viajes de varios días, es una tradición pernoctar en cuevas, pero también hay hermosos hoteles pequeños y casas de huéspedes.

Região dos diamantes
Somente em 1822 é que foram encontrados diamantes nas montanhas do sertão baiano, na Chapada de Diamantina. A pequena cidade de Lençóis é uma antiga cidade dos diamantes, onde aqueles que procuram uma vida mais alternativa se estabeleceram desde os anos 70. O motivo é a encantadora natureza e a paisagem das montanhas planas com cachoeiras, fontes termais, cavernas de arenito e planaltos rochosos. O parque nacional de 1520 km^2 foi fundado em 1985. Para viagens que duram vários dias, pernoitar em cavernas é uma tradição, mas há também belos pequenos hotéis e pousadas.

Diamantengebied
Pas in 1822 werden in de bergen van het Bahiaanse achterland, de Chapada de Diamantina, diamanten gevonden. De kleine stad Lençóis is een voormalig diamantstadje waar sinds de jaren zeventig alternatieve mensen zijn neergestreken. De reden hiervoor is de charmante natuur en het landschap van de tafelbergen met watervallen, warmwaterbronnen, zandsteengrotten en rotsplateaus. In 1985 werd het 1520 km^2 grote nationaal park opgericht. Bij meerdaagse excursies is overnachten in grotten een traditie, maar er zijn ook mooie, kleine hotels en pensions.

Tocantins

Pedra Furada, Parque Estadual do Jalapão
Pedra Forada, Jalapão State Park

Serra do Espírito Santo, Parque Estadual do Jalapão
Serra do Espírito Santo, Jalapão State Park

Tocantins
The small federal state in the mid-west was only created in 1989 by separation from the federal state of Goiás. It is named after the important river Tocantins, which rises in Goiás and flows 2,450 km (1,522 mi) to the north. In the far east lies the Jalapão region, area: 34,000 km^2 (13,127 sq mi). It offers a wild landscape of sand dunes and rock formations.

Tocantins
Ce petit État fédéré de la région Centre-Ouest fut fondé en 1989, lors du redécoupage de l'État de Goiás, et nommé d'après l'important río Tocantins. Ce fleuve prend sa source dans le Goiás et parcourt 2 450 km en direction du nord. L'extrême est de l'État est occupé par la vaste région Jalapão qui offre sur 34 000 km^2 un paysage sauvage de dunes de sable et de formations rocheuses.

Tocantins
Der kleine Bundesstaat im zentralen Westen entstand erst 1989 durch Abspaltung vom Bundesstaat Goiás. Benannt ist er nach dem wichtigen Fluss Tocantins, der in Goiás entspringt und 2450 km nach Norden fließt. Im äußersten Osten liegt die 34 000 km^2 große Region Jalapão. Sie bietet eine wilde Landschaft aus Sanddünen und Felsformationen.

Tocantins
El pequeño estado federal en el centro-oeste fue creado en 1989 por la separación del estado federal de Goiás. Debe su nombre al importante río Tocantins, que nace en Goiás y fluye 2450 km hacia el norte. En el extremo oriental se encuentra la región de Jalapão, de 34 000 km^2. Ofrece un paisaje salvaje de dunas de arena y formaciones rocosas.

Tocantins
O pequeno estado federal do centro-oeste só foi criado em 1989 em resultado da divisão do estado federal de Goiás. Seu nome vem do importante rio Tocantins, que nasce em Goiás e corre 2450 km para o norte. No extremo leste está a região do Jalapão, com 34.000 km^2, a qual oferece uma paisagem selvagem de dunas de areia e formações rochosas.

Tocantins
De kleine deelstaat in het centrale westen ontstond pas in 1989 door de afscheiding van de deelstaat Goiás. Hij is vernoemd naar de belangrijke rivier Tocantins die in Goiás ontspringt en 2450 km naar het noorden stroomt. In het uiterste oosten ligt de 34.000 km^2 grote regio Jalapão met een wild landschap van zandduinen en rotsformaties.

Araucária, Parque Estadual do Jalapão
Araucaria, Jalapão State Park

Parque Estadual do Jalapão
Jalapão State Park

Cachoeira da Velha, Parque Estadual do Jalapão
Cachoeira da Velha, Jalapão State Park

Goiás & Brasília

Cerrado, Goiás

Veado-campeiro
Pampas deer

Cerrado, Goiás

Goiás and Brasília

Until the 17th century, the vast highlands in the central west were spared conquest by gold prospectors and slave hunters. In the Cerrado with its tropical climate, various Indian peoples lived as nomads from hunting and fishing, but the expansion to the west put an end to this. Today, agro-industry, cattle breeding and soybean cultivation dominate the region.

Goiás et Brasília

Jusqu'au XVIIe siècle, les hautes terres vastes de la région Centre-Ouest échappèrent à la conquête des chercheurs d'or et des chasseurs d'esclaves. Dans le Cerrado, où règne un climat tropical, plusieurs tribus indiennes nomades vivaient de la chasse et de la pêche. Les migrations vers l'ouest mirent fin à ce mode de vie. Aujourd'hui, l'industrie agro-alimentaire, l'élevage bovin et la culture du soja dominent la région.

Goiás und Brasília

Bis ins 17. Jahrhundert blieb das weitläufige Hochland im zentralen Westen von Eroberung durch Goldsucher und Sklavenjägern verschont. Im Cerrado mit tropischem Klima lebten verschiedene indianische Völker als Nomaden von Jagd und Fischfang. Der Marsch nach Westen setzte dem ein Ende. Heute herrschen Agroindustrie, Rinderzucht und Sojaanbau vor.

Goiás y Brasilia

Hasta el siglo XVII, las vastas tierras altas del centro oeste se salvaron de la conquista por los buscadores de oro y los cazadores de esclavos. En el Cerrado, con su clima tropical, varios pueblos indígenas vivían como nómadas de la caza y la pesca. La marcha hacia el oeste puso fin a esto. Hoy en día, predominan la agroindustria, la ganadería y el cultivo de soja.

Goiás e Brasília

Até o século XVII, os vastos planaltos do centro-oeste foram poupados da conquista por garimpeiros de ouro e caçadores de escravos. No Cerrado, com seu clima tropical, vários povos indígenas viviam da caça e da pesca como nômades. A marcha para o oeste pôs fim a isto. Hoje, predominam a agroindústria, a pecuária e o cultivo da soja.

Goiás en Brasilia

Tot de 17e eeuw bleven de uitgestrekte hooglanden in het centrale westen gespaard van de verovering door goudzoekers en slavenjagers. In Cerrado met zijn tropische klimaat leefden verschillende indianenvolken als nomaden van de jacht en de visserij. De mars naar het westen heeft hier een einde aan gemaakt. Tegenwoordig domineren de agro-industrie, de veeteelt en de sojateelt.

Rio Preto, Parque Nacional da Chapada dos Veadeiros, Goiás / Preto River, Chapada dos Veadeiros National Park, Goiás

Chapada dos Veadeiros National Park
In the highlands north of Brasília lies a 65,000 ha (253 sq mi) large national park. Characteristic are the numerous waterfalls, some 168 m (550 ft) high and their pools invite you to take a dip. Curious rock formations, prehistoric rocks and layers of rock crystals attract nature lovers and esotericists. The park is ideal for trekking tours.

Parc national de Chapada dos Veadeiros
Dans les hautes terres au nord de Brasília, un parc naturel occupe 65 000 ha. Il se distingue par ses nombreuses chutes d'eau, dont une présente un dénivelé de 168 m. Leurs bassins invitent à la baignade, alors que les formations rocheuses, roches primitives et strates de cristal de roche attirent amoureux de la nature et fans d'ésotérisme. Le parc est un site de trekking idéal.

Chapada dos Veadeiros Nationalpark
Im Hochland nördlich Brasílias liegt ein 65 000 ha großer Nationalpark. Charakteristisch sind zahlreiche Wasserfälle, einige 168 m hoch. Ihre Pools laden zum Bad ein. Kuriose Felsformationen, Urgestein und Schichten von Bergkristallen locken Naturfreunde und Esoteriker an. Der Park eignet sich ideal für Trekkingtouren.

Parque Nacional Chapada dos Veadeiros
En las tierras altas al norte de Brasilia se encuentra un parque nacional de 65 000 hectáreas. Se caracteriza por sus numerosas cascadas de unos 168 m de altura. Sus piscinas invitan a darse un chapuzón. Curiosas formaciones rocosas, rocas primarias y capas de cristales de roca atraen a los amantes de la naturaleza y esoteristas. El parque es ideal para hacer rutas de senderismo.

Parque Nacional da Chapada dos Veadeiros
Nas terras altas ao norte de Brasília há um parque nacional de 65.000 ha. Como características encotram-se inúmeras cachoeiras, algumas com cerca de 168 m de altura. As suas piscinas convidam para um mergulho. Curiosas formações rochosas, rochas primárias e camadas de cristais rochosos atraem amantes da natureza e esoteristas. O parque é ideal para passeios de trekking.

Chapada dos Veadeiros nationaal park
In de hooglanden ten noorden van Brasilia ligt een 65.000 ha groot nationaal park. Karakteristiek zijn de vele watervallen, enkele 168 m hoog. Hun zwembekkens nodigen uit tot zwemmen. Curieuze rotsformaties, oergesteente en lagen bergkristallen lokken natuurliefhebbers en esoterici. Het park is ideaal voor trektochten.

Vale da Lua, Parque Nacional da Chapada dos Veadeiros, Goiás
Moon Valley, Chapada dos Veadeiros National Park, Goiás

Parque Nacional da Chapada dos Veadeiros, Goiás
Chapada dos Veadeiros National Park, Goiás

Highlands
At an altitude of 300-900 m (984-3,000 ft), the central plateau of Goiás extends over 4,400 km^2 (1,700 sq mi). Plateaus, mountains, hills and valleys alternate. Important tributaries of the Amazon basin originate here. The area used to be known as the "corridor of hunger". The exotic vegetation, including many medicinal plants and wild animals, increasingly attracts visitors.

Hautes terres
Le plateau central de l'État de Goiás se déploie à une altitude de 300 à 900 m, sur 4 400 km^2, où se succèdent hauts plateaux, montagnes, collines et vallées. Les principaux affluents de l'Amazone prennent leur source dans cette région, qui était autrefois surnommée « corridor de la faim ». La végétation exotique, qui compte de nombreuses plantes médicinales et abrite une faune sauvage abondante, attire un nombre croissant de visiteurs.

Hochland
Auf einer Höhe von 300–900 m erstreckt sich das Zentralplateau von Goiás. Es umfasst 4400 km^2. Hochebene, Berge, Hügel und Tälern wechseln sich ab. Wichtige Zuflüsse des Amazonasbeckens entspringen hier. Die Gegend galt früher als „Korridor des Hungers". Die exotische Vegetation darunter viele Heilpflanzen und Wildtiere, zieht zunehmend Besucher an.

Regiones montañosas
A una altitud de 300-900 m, se extiende la meseta central de Goiás. Tiene una superficie de 4400 km^2. Se alternan la meseta, montañas, colinas y valles. Aquí se original importantes afluentes de la cuenca del Amazonas. La zona se conocía antes como el «corredor del hambre». La vegetación exótica, que incluye numerosas plantas medicinales, y los animales salvajes atraen cada vez más a los visitantes.

Planaltos
A uma altitude de 300-900 m, estende-se o planalto central de Goiás. Cobre 4400 km^2. Planalto, montanhas, colinas e vales se alternam entre si. Importantes afluentes da bacia amazônica têm origem aqui. A área costumava ser conhecida como o "corredor da fome". A vegetação exótica, incluindo muitas plantas medicinais e animais selvagens, atrai cada vez mais visitantes.

Hooglanden
De hoogvlakte van Goiás strekt zich op een hoogte van 300-900 m uit. Het beslaat 4400 km^2. Hoogvlaktes, bergen, heuvels en dalen wisselen elkaar af. Belangrijke zijrivieren van het Amazonebekken ontspringen hier. Het gebied stond vroeger bekend als de "hongergang". De exotische vegetatie, waaronder veel geneeskrachtige planten en wilde dieren, trekt steeds meer bezoekers aan.

Congresso Nacional do Brasil, Brasília
National Congress of Brazil, Brasília

Brasília

Brasília

Brazil's capital is considered the largest open-air museum in the world. In 1960, the modern grid city, which was built in the middle of the wilderness of the bush savannah, was inaugurated. President Juscelino Kubitschek wanted the construction to catapult his country out of regression and into the future. Functional urban planning with monumental axes, sectors for ministries and government palaces as well as residential quarters, large squares, artificial lakes, green spaces and palm groves aroused criticism. Today, the spaciousness of the city with its 2.5 million inhabitants and its architectural and artistic flair are inspiring.

Brasília

La capitale du Brésil est considérée comme le plus grand musée à ciel ouvert du monde. Cette ville moderne au plan quadrillé, érigée en plein cœur de la brousse sauvage, fut inaugurée en 1960. Le président brésilien Juscelino Kubitschek souhaitait que ces grands travaux propulsent son pays vers l'avenir. La planification fonctionnelle de la ville, intégrant axes monumentaux, secteurs dédiés aux ministères et au palais gouvernemental, quartier résidentiel, vastes places, lac artificiel, espaces verts et palmeraies, fut largement critiquée. Aujourd'hui, la cité de 2,5 millions d'habitants émerveille le monde par son ampleur et son charme architectural et artistique.

Brasília

Brasiliens Hauptstadt gilt als das größte Freilichtmuseum der Welt. 1960 wurde die moderne Rasterstadt, die mitten in der Wildnis der Buschsavanne gebaut wurde, eingeweiht. Präsident Juscelino Kubitschek wollte mit dem Bau sein Land aus der Rückschrittlichkeit mit einem Streich in die Zukunft katapultieren. Die funktionale Stadtplanung mit Monumentalachsen, Sektoren für Ministerien- und Regierungspalast sowie Wohnviertel, große Plätze, künstliche Seen, Grünanlagen und Palmenhainen geriet in die Kritik. Heute begeistert die Weitläufigkeit der 2,5 Millionenstadt und ihr architektonisch-künstlerisches Flair.

Congresso Nacional do Brasil, Brasília
National Congress of Brazil, Brasília

Brasilia

La capital de Brasil es considerada el mayor museo al aire libre del mundo. En 1960, se inauguró la moderna ciudad cuadriculada, que fue construida en medio del desierto de la sabana arbustiva. El presidente Juscelino Kubitschek quería que la construcción catapultara a su país fuera de la regresión y hacia el futuro. El urbanismo funcional con ejes monumentales, sectores para ministerios y palacios gubernamentales, así como barrios residenciales, grandes plazas, lagos artificiales, espacios verdes y palmerales, fue objeto de críticas. Hoy en día, la amplitud de la ciudad de 2,5 millones de habitantes y su estilo arquitectónico y artístico son una fuente de inspiración.

Brasília

A capital do Brasil é considerada o maior museu ao ar livre do mundo. Em 1960, foi inaugurada a moderna cidade totalmente planejada, construída em forma de um avião no meio do deserto da savana arbustiva. O Presidente Juscelino Kubitschek queria que a construção catapultasse o seu país para o future, tirando-o da regressão. O planejamento urbano funcional com eixos monumentais, setores para ministérios e palácios de governo, bem como bairros residenciais, grandes praças, lagos artificiais, espaços verdes e palmeiras foram bastante critizados. Hoje, a amplitude da cidade de 2,5 milhões de habitantes e seu talento arquitetônico e artístico são inspiradores.

Brasilia

De hoofdstad van Brazilië wordt beschouwd als het grootste openluchtmuseum ter wereld. In 1960 werd de moderne rasterstad, die midden in de wildernis van de savanne werd gebouwd, in gebruik genomen. President Juscelino Kubitschek wilde met de bouw zijn land in één klap uit de regressie in de toekomst katapulteren. De functionele stedenbouw met monumentale assen, sectoren voor ministeries en regeringspaleis alsook woonwijken, grote pleinen, kunstmatige meren, plantsoenen en palmbomen kwam onder vuur te liggen. Vandaag de dag inspireert de uitgestrektheid van de stad met 2,5 miljoen inwoners en haar architectonische en artistieke flair.

SANTUÁRIO DOM BOSCO, BRASÍLIA

MUSEU DO AMANHÃ, RIO DE JANEIRO

PRAÇA DOS CRISTAIS, BRASÍLIA

Modern architecture

World-class Brazilian architects such as Oscar Niemeyer, Lúcio Costa and Lina Bo Bardi carefully studied the local colonial buildings of the Baroque period. They were inspired by the landscape, nature and habitat of their country to build the futuristic capital Brasília and modern buildings in Rio de Janeiro and São Paulo. European, American and Asian architects were often invited to build spectacular city palaces, theaters and skyscrapers from the 19th to the 21st century.

Architecture moderne

Les architectes brésiliens de stature internationale, tels Oscar Niemeyer, Lúcio Costa et Lina Bo Bardi, ont attentivement étudié les constructions baroques coloniales de leur pays. Ils ont également puisé dans les paysages, la nature et l'habitat traditionnel pour imaginer la capitale futuriste Brasília et les immeubles modernes de Rio de Janeiro et São Paulo. Depuis le XIXe siècle, de nombreux architectes européens, américains et asiatiques ont également été invités à la conception de spectaculaires monuments urbains, de théâtres et d'immeubles.

Moderne Architektur

Brasilianische Architekten von Weltrang wie Oscar Niemeyer, Lúcio Costa und Lina Bo Bardi studierten sorgfältig die heimischen kolonialen Bauwerke des Barock. Sie ließen sich von Landschaft, Natur und Habitat ihres Landes inspirieren, um die futuristische Hauptstadt Brasília oder moderne Gebäude in Rio de Janeiro und São Paulo zu errichten. Für den Bau spektakulärer Stadtpaläste, Theater und Hochhäuser vom 19. bis 21. Jahrhundert wurden oft europäische, amerikanische und asiatische Architekten eingeladen.

CATEDRAL METROPOLITANA DE BRASÍLIA

EDIFÍCIO COPAN, SÃO PAULO

PALÁCIO ITAMARATY, BRASÍLIA

CONGRESSO NACIONAL DO BRASIL, BRASÍLIA

PONTE JUSCELINO KUBITSCHEK, BRASÍLIA

Arquitectura moderna

Arquitectos brasileños de clase mundial como Oscar Niemeyer, Lúcio Costa y Lina Bo Bardi estudiaron cuidadosamente los edificios coloniales locales del periodo barroco. Se inspiraron en el paisaje, la naturaleza y el hábitat de su país para construir la futurista capital Brasilia o modernos edificios en Río de Janeiro y São Paulo. Desde el siglo XIX hasta el XXI, se invitó con frecuencia a arquitectos europeos, americanos y asiáticos a que construyesen espectaculares palacios, teatros y rascacielos.

Arquitetura moderna

Arquitetos brasileiros de classe mundial, como Oscar Niemeyer, Lúcio Costa e Lina Bo Bardi, estudaram cuidadosamente os edifícios coloniais locais do período barroco. Elès foram inspirados pela paisagem, natureza e habitat de seu país para construir a capital futurista Brasília ou edifícios modernos no Rio de Janeiro e São Paulo. Para construção de palácios, teatros e arranha-céus espetaculares do século XIX até o século XXI eram convidados frequentemente os arquitetos europeus, americanos e asiáticos.

Moderne architectuur

Braziliaanse architecten van wereldklasse zoals Oscar Niemeyer, Lúcio Costa en Lina Bo Bardi bestudeerden de lokale koloniale gebouwen uit de barokke periode zorgvuldig. Ze lieten zich inspireren door het landschap, de natuur en de habitat van hun land om de futuristische hoofdstad Brasilia of moderne gebouwen in Rio de Janeiro en São Paulo te bouwen. In de 19e tot 21e eeuw werden voor de bouw van spectaculaire stadspaleizen, theaters en torenflats vaak Europese, Amerikaanse en Aziatische architecten uitgenodigd.

Mato Grosso & Mato Grosso do Sul

Parque Nacional da Chapada dos Guimarães, Mato Grosso
Chapada dos Guimarães National Park, Mato Grosso

Lontra
Otter

Mato Grosso and Mato Grosso do Sul
Mato Grosso means "impenetrable bush". In 1890, with the construction of a telegraph line, the region became part of the nation. Until then, the Bororó, Carajá and Xavantes Indians lived along the great rivers of the 1,264,966 km² (486,674 sq mi) large country. Today livestock breeding and soybean cultivation dominate life on a large scale.

Mato Grosso et Mato Grosso do Sul
Mato Grosso signifie « brousse impénétrable ». La région fut rattachée à la nation en 1890 à la faveur de la construction d'une ligne télégraphique. Auparavant, les peuples indiens Bororo, Carajá et Xavantes vivaient le long des cours d'eau de cette vaste région couvrant 1 264 966 km². Aujourd'hui l'élevage et la culture du soja à grande échelle dominent.

Mato Grosso und Mato Grosso do Sul
Mato Grosso bedeutet „undurchdringlicher Busch". 1890, durch den Bau einer Telegraphenlinie, fand die Region Anschluss an die Nation. Bis dahin lebten die Bororó-, Carajá- und Xavantes-Indianer an den großen Flussläufen des 1 264 966 km² großen Landes. Heute dominieren Viehzucht und Sojaanbau in großem Maßstab das Leben.

Mato Grosso y Mato Grosso do Sul
Mato Grosso significa «arbusto impenetrable». En 1890, con la construcción de una línea telegráfica, la región pasó a formar parte de la nación. Hasta entonces, los indios Bororó, Carajá y Xavantes vivían a lo largo de los grandes ríos del país de 1 264 966 km². Hoy en día, la ganadería y el cultivo de soja dominan en gran medida la vida.

Mato Grosso e Mato Grosso do Sul
Mato Grosso significa "arbusto impenetrável". Em 1890, com a construção de uma linha telegráfica, a região passou a fazer parte da nação. Até então, os índios Bororó, Carajá e Xavantes viviam ao longo dos grandes rios do país de 1 264 966 km². Hoje em dia, a criação de gado e o cultivo de soja dominam a vida em grande escala.

Mato Grosso en Mato Grosso do Sul
Mato Grosso betekent "ondoordringbaar oerwoud". In 1890, door de aanleg van een telegraaflijn, vond de regio aansluiting met de natie. Tot dan toe leefden de Bororó-, Carajá- en Xavantes-indianen langs de grote rivierlopen van het 1 264 966 km² grote land. Tegenwoordig domineren veeteelt en sojateelt het leven op grote schaal.

Jaburu
Jabiru

Pantanal
The swamp area in the gigantic Mato Grosso plain, which is fed by a water system of large rivers, such as the Rio Paraguai and the Guporé, and small rivers is a miracle of nature. In the year 2000, the UNESCO declared the Pantanal with an area of 230,000 km² (88,803 sq mi), a small part of which lies in Bolivia and Uruguay, a World Natural Heritage and Biosphere Reserve. Except for a few areas the region is completely flooded every year in the rainy season from October to March.

Pantanal
La zone marécageuse de l'immense basse plaine de Mato Grosso est une merveille de la nature. Elle est alimentée par un réseau hydraulique comptant quelques grands fleuves, dont le río Paraguai et le Guaporé, et de plus petits cours d'eau. En 2000, l'Unesco a classé le Pantanal (230 000 km²) en tant que réserve de biosphère, dont une petite partie s'étend sur le territoire de la Bolivie et de l'Uruguay. Tous les ans, à la saison des pluies entre octobre et mars, la région est quasiment entièrement inondée.

Pantanal
Ein Wunder der Natur ist das Sumpfgebiet in der gigantischen Tiefebene Mato Grossos, das von einem Wassersystem von großen Flüssen, wie dem Rio Paraguai und dem Guporé, und kleinen Flüssen gespeist wird. Im Jahr 2000 erklärte die UNESCO das Pantanal mit 230 000 km² Fläche, die zu einem kleinen Teil auf bolivianischer und uruguayischer Seite liegt, zum biosphärischen Weltkulturebene. Das Gebiet wird jährlich in der Regenzeit von Oktober bis März bis auf wenige Flächen gänzlich überschwemmt.

Pantanal

Pantanal
Un milagro de la naturaleza es la zona pantanosa de la gigantesca llanura de Mato Grosso, que es alimentada por un sistema hídrico de grandes ríos, como el Río Paraguai y el Guporé, y pequeños ríos. En el año 2000, la UNESCO declaró el Pantanal, con una superficie de 230 000 km² (del que una pequeña parte encuentra en el lado boliviano y uruguayo) una biosfera de nivel cultural mundial. La zona se inunda todos los años por completo en la temporada de lluvias de octubre a marzo, excepto en algunas zonas.

Pantanal
Um milagre da natureza é a área pantanosa da gigantesca planície do Mato Grosso, que é alimentada por um sistema hídrico de grandes rios, como o Rio Paraguai e o rio Guaporé, e pequenos rios. No ano 2000, a UNESCO declarou o Pantanal como Patrimônio Natural Mundial e Reserva da Biosfera, com uma área de 230 000 km², onde uma pequena parte da qual se encontra do lado boliviano e uruguaio. A área, exceto em algumas áreas, é completamente inundada todos os anos na estação chuvosa de outubro a março.

Pantanal
Een wonder van de natuur is het moerasgebied in de gigantische laagvlakte Mato Grossos, dat wordt gevoed door een watersysteem van kleine rivieren en grote rivieren zoals de Rio Paraguai en de Guporé. In het jaar 2000 zette de UNESCO de Pantanal met een oppervlakte van 230.000 km², dat voor een klein deel aan de Boliviaanse en Uruguayaanse zijde ligt, op de Werelderfgoedlijst. Het gebied wordt jaarlijks in de regentijd van oktober tot maart, met uitzondering van enkele gebieden, overstroomd.

Garça-branca-grande
Great egret

Onça-pintada
Jaguar

Ipê-roxo
Pink trumpet trees

Bugio-preto
Black-howler monkey

The "Big Five" of the Pantanal
The greatest challenge is the preservation of the jaguar in the Pantanal. Despite a ban, they were hunted until the 1980s. Along with the anaconda, crocodile, coatis and giant otter, it belongs to the "Big Five" wild animals. According to research, there are 102 species of mammals, 652 species of birds, 264 species of fish, 177 species of reptiles and 40 species of amphibians. Great White Egrets and Storks are widespread. Azara capuchin monkeys can also be found here. The small species of monkey has short legs and a 41-47 cm (16-18 inch) long tail.

Les « cinq grands » du Pantanal
La protection du jaguar dans le Pantanal constitue un immense défi. Malgré l'interdiction officielle, il a été chassé jusque dans les années 1980. Avec l'anaconda, le crocodile, le coati et la loutre géante, il fait partie des « cinq grands » de la faune sauvage qui compte en outre 102 espèces de mammifères, 652 sortes d'oiseaux, 264 de poissons, 177 de reptiles et 40 espèces d'amphibiens. La grande aigrette et la cigogne sont présentes en grand nombre, tout comme le sapajou du Paraguay, singe doté de pattes courtes et d'une longue queue de 41 à 47 cm.

Die „Big Five" des Pantanal
Die größte Herausforderung gilt dem Erhalt des Jaguars im Pantanal. Sie wurden trotz Verbot bis in die 1980er Jahre gejagt. Er zählt neben Anaconda, Krokodil, Nasenbär und Riesenotter zu den „Big Five" der Wildtiere. Laut Forschung gibt es 102 Spezies Säugetiere, 652 Vogel-, 264 Fisch-, 177 Reptilien- und 40 Amphibienarten. Silberreiher und Störche finden weite Verbreitung. Auch Azara-Kapuzineraffen sind hier zu Hause. Die kleine Affenart hat kurze Beine und einen 41–47 cm langen Schwanz.

Macaco-prego-das-Guianas
Tufted capuchin

Los «cinco grandes» del Pantanal
El mayor desafío es la preservación del jaguar en el Pantanal. A pesar de estar prohibido cazar jaguares, se cazaban hasta la década de 1980. Junto con la anaconda, el cocodrilo, e coatí y la nutria gigante, pertenece a los «cinco grandes» de los animales salvajes. Según las investigaciones, hay 102 especies de mamíferos, 652 especies de aves, 264 especies de peces, 177 especies de reptiles y 40 especies de anfibios. Las garcetas blancas y las cigüeñas están muy extendidas. Aquí también habitan monos capuchinos de Azara. El pequeño mono tiene patas cortas y una cola de entre 41 y 47 cm de largo.

Os "Cinco Grandes" do Pantanal
O maior desafio é a preservação da onça pintada no Pantanal. Mesmo com a proibição continuaram sendo caçadas até os anos 80. Junto com a anaconda, o crocodilo, o quati e a lontra-gigante, pertence aos "cinco grandes" dos animais selvagens. Segundo pesquisas, existem 102 espécies de mamíferos, 652 espécies de aves, 264 espécies de peixes, 177 espécies de répteis e 40 espécies de anfíbios. As grandes garças brancas e as cegonhas são mais comuns. Os macacos-prego-do-papo-amarelo sentem-se aqui também em casa. O pequeno macaco tem pernas curtas e uma cauda de 41 a 47 cm de comprimento.

De "Big Five" van de Pantanal
De grootste uitdaging is het behoud van de jaguar in de Pantanal. Er werd ondanks verbod tot in de jaren 80 op ze gejaagd. Hij telt naast anaconda, krokodil, neusbeer en reuzenotter tot de "Big Five" van de wilde dieren. Volgens onderzoek zijn er 102 soorten zoogdieren, 652 soorten vogels, 264 vissoorten, 177 reptielsoorten en 40 soorten amfibieën. De grote witte zilverreigers en ooievaars zijn wijdverbreid. Ook Azara kapucijnapen zijn hier thuis. De kleine apensoort heeft korte poten en een 41-47 cm lange staart.

Buraco das Araras, Mato Grosso do Sul

Araracanga
Scarlet macaws

Hyacinth Macaw
Mato Grosso do Sul is considered a Mecca for ecotourism. The fact that the beautiful Hyacinth Macaw could be resettled in the south of Mato Grosso is due to a private nature conservation authority that obtained scientific support. Near the village of Jardim, the conservationists maintain a protected area that includes a huge sandstone crater 500 m (1,640 ft) in circumference and 100 m (328 ft) deep. The walls and small caves are ideal breeding grounds for parrots.

Ara hyacinthe
La région du Mato Grosso do Sul est l'un des sanctuaires de l'écotourisme. Le retour de l'ara hyacinthe est l'une des victoires d'une réserve naturelle privée disposant de soutiens scientifiques. Près de la localité de Jardim, les naturalistes entretiennent un territoire protégé comportant un immense cratère de grès de 500 m de circonférence et 100 m de profondeur, dont les parois et les petites cavités conviennent parfaitement à la reproduction des aras.

Hyazinth-Ara
Mato Grosso do Sul gilt als Mekka für Ökotourismus. Dass der wunderschöne Hyazinth-Ara im Süden Mato Grossos wieder angesiedelt werden konnte, ist das Verdienst einer privaten Naturschutzbehörde, die sich wissenschaftliche Unterstützung holte. Nahe der Ortschaft Jardim unterhalten die Naturschützer ein Schutzgebiet, zu dem ein riesiger Sandsteinkrater von 500 m Umfang und 100 m Tiefe zählt. Die Wände und kleinen Höhlen sind ideale Brutstätte für Papageien.

Arara-azul-grande
Hyacinth macaws

Guacamayo jacinto
Mato Grosso do Sul es considerado una meca del ecoturismo. El hecho de que el hermoso guacamayo jacinto pudiera ser reasentado en el sur de Mato Grosso se debe a una autoridad privada de conservación de la naturaleza que obtuvo apoyo científico. Cerca del pueblo de Jardim, los conservacionistas mantienen un área protegida que incluye un enorme cráter de arenisca de 500 m de circunferencia y 100 m de profundidad. Las paredes y las pequeñas cuevas son lugares ideales para la cría de loros.

Arara azul grande
Mato Grosso do Sul é considerado uma Meca do ecoturismo. O fato da bela arara-azul poder ser reintroduzida no seu habitat natural no sul de Mato Grosso deve-se a uma autoridade privada de conservação da natureza que obteve apoio científico. Perto da vila de Jardim, os ambientalistas mantêm uma área protegida que inclui uma enorme cratera de arenito de 500 m de circunferência e 100 m de profundidade. As paredes e pequenas grutas são locais ideais para a criação de papagaios.

Hyacinthara
Mato Grosso do Sul wordt beschouwd als een Mekka voor ecotoerisme. Dat de prachtige hyacinthara in het zuiden van Mato Grosso weer kon worden ondergebracht, is te danken aan een particuliere natuurbeschermingsautoriteit die wetenschappelijke steun kreeg. Vlakbij het dorp Jardim onderhouden de natuurbeschermers een beschermd gebied waartoe een enorme zandsteenkrater van 500 m omtrek en 100 m diepte behoort. De muren en kleine grotten zijn ideale broedplaatsen voor papegaaien.

Pena de arara
Macaw feather

Periquitos-de-cabeça-preta
Nanday parakeets

Pantanal do Mato Grosso (Transpantaneira)

Capybaras
On foot, on horseback and in a canoe you can explore the nature and animal world of the Pantanal. The capybara is the largest living rodent and grows to 1.25 m (4 ft) in length. Although the capybaras live in large families and have an excellent warning system, they must be wary of crocodiles.

Capybara
La nature et le monde animal du Pantanal s'explorent à pied, à cheval ou en canoë. Le capybara, ou cabiaï (*capivara* en portugais brésilien), est le plus gros rongeur actuel, pouvant atteindre 1,25 m de long. Bien que vivant en grand groupe et ayant développé un système d'alerte élaboré, le capybara doit se méfier des caïmans.

Capybaras
Zu Fuß, auf dem Pferderücken und im Kanu lässt sich die Natur- und Tierwelt des Pantanal erkunden. Das Capybara, das Wasserschwein, ist das größte lebende Nagetier, es wird 1,25 m lang. Obwohl die Capybaras in großen Familien leben und ein ausgezeichnetes Warnsystem haben, müssen sie vor Krokodilen wachsam sein.

Capibaras
A pie, a caballo y en canoa se puede explorar la naturaleza y el mundo animal del Pantanal. El Capibara (el carpincho) es el roedor vivo más grande y llega a alcanzar hasta 1,25 m de longitud. Aunque los capibaras viven en familias numerosas y tienen un excelente sistema de alerta, deben estar muy atentos a los cocodrilos.

Capivaras
A pé, a cavalo e de canoa, você pode explorar a natureza e o mundo animal do Pantanal. A capivara, o porco d'água, é o maior roedor vivo e cresce até 1,25 m de comprimento. Apesar das capivaras viverem em famílias numerosas e terem um excelente sistema de alerta, elas devem estar atentas aos crocodilos.

Capibara's
De natuur- en dierenwereld van de Pantanal laat zich te voet, te paard en in een kano verkennen. De capibara, het waterzwijn, is het grootste levende knaagdier en wordt 1,25 m lang. Hoewel de capibara's in grote families leven en een uitstekend waarschuwingssysteem hebben, moeten ze bij krokodillen waakzaam zijn.

Capivaras
Capybaras

Jacarés-do-pantanal
Yacare caimans

Jacarés-do-pantanal
Yacare caimans

Pantanal

Cavalos Pantaneiro
Pantaneiro horses

Pasture
As soon as the high water of the rainy season has receded, large areas of the Pantanal turn into partly fertile pastureland. There have been no wild horses since the region was developed in the 20th century and populated by whites. The cavalo pantaneiro breed of horses is perfectly adapted to the special conditions of the region.

Pâturage
Dès que les eaux des crues de la saison des pluies se sont retirées, de vastes surfaces du Pantanal se transforment en pâturages fertiles. Il ne reste plus de chevaux sauvages depuis que la région a été viabilisée au XXᵉ siècle et colonisée par les Européens. Cependant, la race d'équidés *cavalo pantaneiro* est parfaitement adaptée aux conditions particulières de la région.

Weideland
Sobald sich das Hochwasser der Regenzeit zurückgezogen hat, verwandeln sich große Flächen des Pantanal in teils fruchtbares Weideland. Wild lebende Pferde gibt es keine mehr, seitdem die Region im 20. Jahrhundert erschlossen und von Weißen besiedelt wurde. Die Pferderasse cavalo pantaneiro ist perfekt an die besonderen Bedingungen der Region angepasst.

Pasto
Tan pronto como retrocede el agua alta de la temporada de lluvias, grandes áreas del Pantanal se convierten en tierras de pastoreo parcialmente fértiles. No ha habido caballos salvajes desde que se urbanizó la región en el siglo XX y se pobló por blancos. El caballo de raza cavalo pantaneiro está perfectamente adaptado a las condiciones especiales de la región.

Pastagem
Assim que as águas altas da estação chuvosa baixam, grandes áreas do Pantanal se transformam em pastagens parcialmente férteis. Não existem mais cavalos selvagens desde que a região foi desenvolvida no século XX e povoada pelos brancos. O cavalo de raça "cavalo pantaneiro" está perfeitamente adaptado às condições especiais da região.

Weiland
Zodra het hoogwater van het regenseizoen zich heeft teruggetrokken, veranderen grote delen van de Pantanal in deels vruchtbare weilanden. Wilde paarden zijn er niet meer sinds de regio in de 20e eeuw bouwrijp werd gemaakt en de blanken zich hier vestigden. Het paardenras cavalo pantaneiro is perfect aan de bijzondere omstandigheden in de regio aangepast.

Cavalo Pantaneiro
Pantaneiro horse

Peaõ
Cowboy

Peões
Cowboys

Cowboys of the Pantanal
The economic wealth of South-Mato Grosso lies in cattle breeding. Meat is the lucrative export product. Giant Fazendas, large estates of up to 252,300 ha (974 sq miles) of land, have about 30,000 head of cattle. The most important role is played by the peões, the Brazilian cowboys. It is hard to work as a cattle herder. When the herds of about 2,000 cattle are driven out of the lowlands before the rainy season, the peões spend 30 days almost constantly in the saddle. Some Fazendas also promote ecotourism and use their cattle herders as gamekeepers, who then have to learn the names of 58 rare bird species in English.

Les cowboys du Pantanal
La richesse économique du sud du Mato Grosso provient de l'élevage bovin car la viande est un produit d'exportation lucratif. Les immenses *fazendas*, domaines agricoles pouvant regrouper 252 300 ha, comptent jusqu'à 30 000 têtes de bétail. Dans cette région, le premier rôle est tenu par le *peõ*, cowboy brésilien. Le métier est dur et, lorsqu'il s'agit de ramener des plaines basses des troupeaux comptant 2 000 bovins avant la saison des pluies, les *peõs* passent quasiment 30 jours d'affilée en selle. Beaucoup de *fazendas* pratiquent l'écotourisme et leurs cowboys sont ainsi devenus gardes-chasse... ce qui implique de connaître le nom de 58 espèces rares d'oiseaux en anglais.

Cowboys des Pantanal
Der wirtschaftliche Reichtum Süd-Mato Grossos liegt in der Rinderzucht. Fleisch ist das lukrative Exportprodukt. Riesige Fazendas, Großgrundbesitz von bis zu 252 300 ha Land, haben an die 30 000 Stück Vieh. Die wichtigste Rolle kommt den peões, den brasilianischen Cowboys zu. Als Rinderhirte zu arbeiten ist hart. Wenn die Herden von ca. 2000 Rindern vor der Regenzeit aus der Tiefebene getrieben werden, verbringen die peões 30 Tage fast nur im Sattel. Manche Fazendas betreiben auch Ökotourismus und setzen ihre Rinderhirten als Wildhüter ein. Da heißt es, die Namen von 58 seltenen Vogelarten auch auf Englisch zu beherrschen.

Cavalos Pantaneiro
Pantaneiro horses

Vaqueros del Pantanal
La riqueza económica del sur de Mato Grosso reside en la ganadería. La carne es el producto de exportación lucrativo. Las Fazendas gigantes, grandes fincas de hasta 252 300 hectáreas de tierra, tienen alrededor de 30 000 cabezas de ganado. El papel más importante lo desempeñan los peões, los vaqueros brasileños. Es difícil trabajar como pastor de ganado. Cuando hay que sacar de las tierras bajas los rebaños de aproximadamente 2000 cabezas antes de la temporada de lluvias, los peões pasan 30 días prácticamente sin bajarse de la silla de montar. Algunas Fazendas también hacen ecoturismo y utilizan a sus ganaderos como guardabosques. Esto significa que deben saberse los nombres de 58 especies de aves raras.

Cowboys do Pantanal
A riqueza económica do Mato Grosso do Sul reside na criação de gado. A carne é o produto lucrativo de exportação. Fazendas gigantes, grandes propriedades de até 252.300 hectares de terra, têm cerca de 30.000 cabeças de gado. O papel mais importante é desempenhado pelos peões, os cowboys brasileiros. É um trabalho pesado trabalhar como pastor de gado. Quando os rebanhos de cerca de 2000 cabeças de gado são obrigados a deixar as planícies antes da estação chuvosa, os peões passam quase 30 dias em cima da sela. Algumas fazendas também fazem ecoturismo e utilizam seus pecuaristas como caçadores. Eles devem conhecer os nomes de todas 58 espécies de aves raras em inglês.

Cowboys van de Pantanal
De economische rijkdom van Zuid-Mato Grosso ligt in de veeteelt. Vlees is het lucratieve exportproduct. Reuze fazendas, grootgrondbezit tot 252.300 hectare land, beschikken over ca. 30.000 stuks vee. De belangrijkste rol wordt gespeeld door de peões, de Braziliaanse cowboys. Het is zwaar om als veehouder te werken. Als de kuddes van zo'n 2000 stuks vee voor het regenseizoen uit het laagland worden verdreven, zitten de peões bijna 30 dagen lang alleen nog maar in het zadel. Sommige fazendas doen ook aan ecotoerisme en gebruiken hun veehouders als jachtopzieners. Dat betekent de namen van 58 zeldzame vogelsoorten ook in het Engels te beheersen.

Parque Indígena do Xingu
Xingu Indigenous Park

Cacique Raoni Metuktire

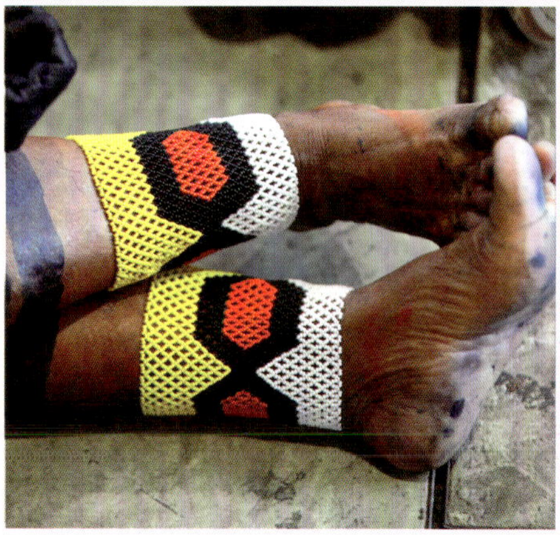

Kayapó

The Kayapó live today as hunters, gatherers, but also as farmers on the Rio Xingu, a tributary of the Amazon. They call themselves Menbengokrés, "the men from the water place", and lived along the Tocantins and Araguaias rivers, tributaries of the Amazon. Their first contact with whites in the 19th century was traumatic, and many died. Today the chief and environmentalist Raoni fights for his people.

Kayapós

Les Kayapós vivent aujourd'hui de la chasse, de la cueillette mais également de l'agriculture sur les rives du río Xingu, affluent de l'Amazone. Ils se nomment eux-mêmes *mebêngôkre*, « ceux qui vivent près des grands cours d'eau », c'est-à-dire du fleuve Tocantins et de la rivière Araguaia. Leur premier contact avec l'homme blanc au XIXe siècle fut une catastrophe et beaucoup périrent. Aujourd'hui, leur chef et protecteur de la nature, Raoni, lutte pour son peuple.

Kayapó

Die Kayapó leben heute als Jäger, Sammler, aber auch als Bauern am Rio Xingu, einem Zufluss des Amazonas. Sie selbst nennen sich Menbengokrés, „Menschen, die an großen Gewässern leben", den Seitenflüssen des Amazonas Tocantins und Araguaias. Ihr erster Kontakt mit Weißen im 19. Jahrhundert war traumatisch, viele starben. Heute kämpft der Häuptling und Umweltschützer Raoni für sein Volk.

Kayapó

Los Kayapó viven hoy en día como cazadores, recolectores, pero también como agricultores en el Río Xingu, un afluente del Amazonas. Se llaman a sí mismos Menbengokrés, «gente que vive en aguas grandes», los afluentes del Amazonas Tocantins y Araguaias. Su primer contacto con los blancos tuvo lugar en el siglo XIX y fue traumático; muchos murieron. Hoy el jefe y ecologista Raoni lucha por su pueblo.

Kayapó

Os Kayapós vivem hoje como caçadores, coletores, mas também como agricultores no rio Xingu, um afluente do rio Amazonas. Chamam-se Menbengokrés, "pessoas que vivem em grandes águas", os afluentes do rios amazônicos Tocantins e Araguaia. O seu primeiro contato com os brancos no século XIX foi traumático e muitos morreram. Hoje o chefe e ambientalista Raoni luta pelo seu povo.

Kayapo

De Kayapo leven vandaag de dag als jagers, verzamelaars, maar ook als boeren op de Rio Xingu, een zijrivier van de Amazone. Ze noemen zichzelf Menbengokrés,"mensen die aan grote wateren leven", de zijrivieren van de Amazone Tocantijnen en Araguaias. Hun eerste contact met blanken in de 19e eeuw was traumatisch en velen stierven. Vandaag de dag vecht het opperhoofd en de milieuactivist Raoni voor zijn volk.

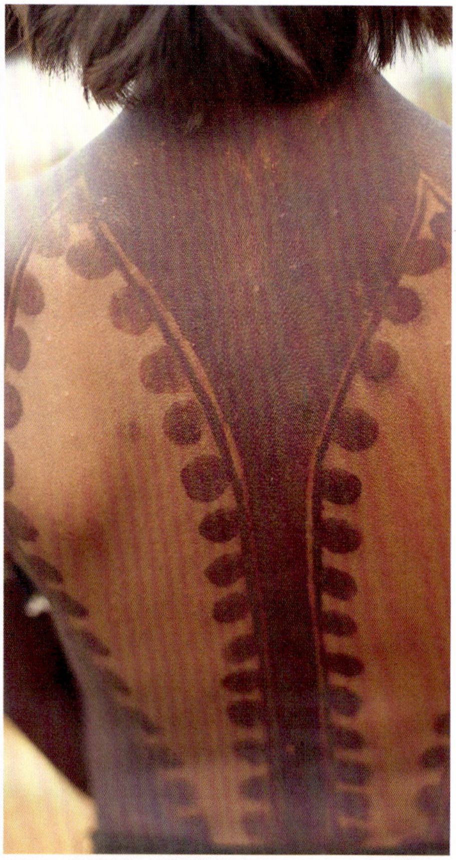

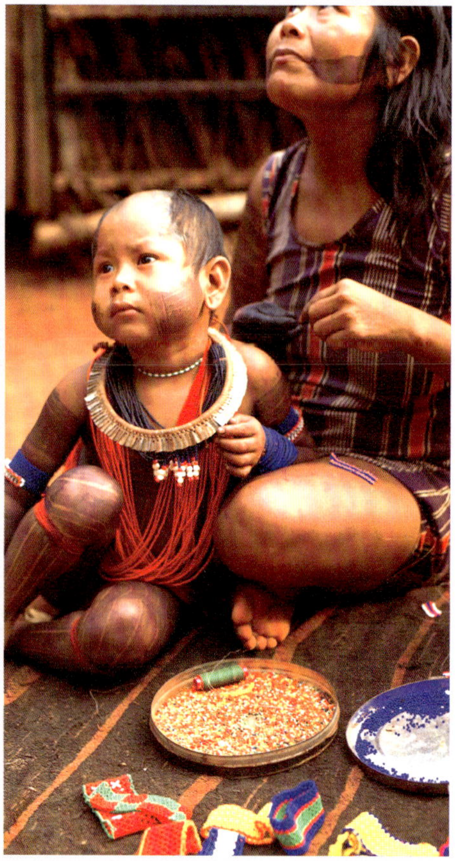

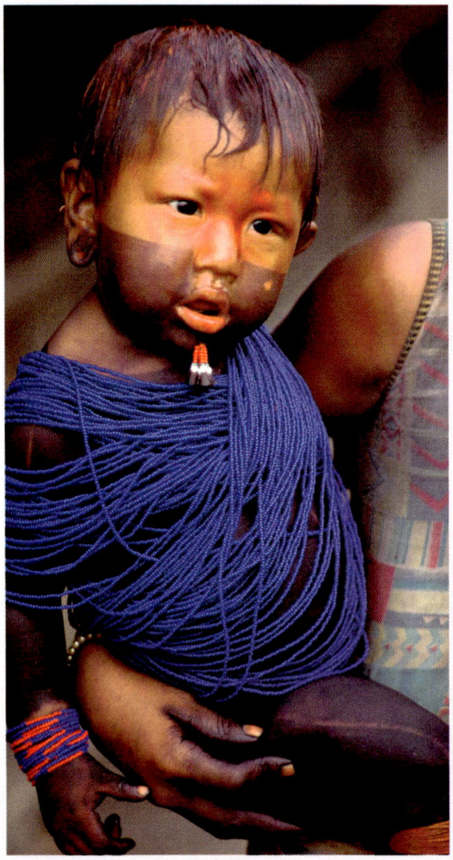

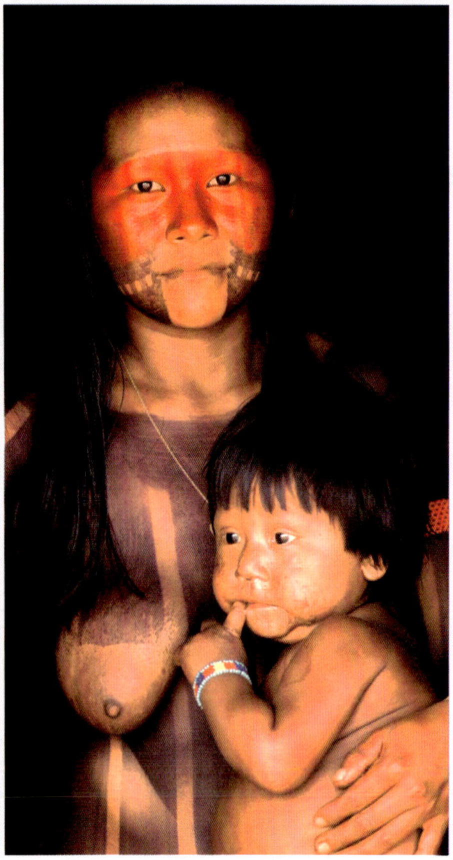

Body painting

The dark, vermilion color used by the Kayapó and other Indian ethnic groups for face and body painting comes from the dye of the Urucú tree. It bears prickly fruits from whose seeds the intensive color paste is obtained. Color dye can also be produced from the Jenipapo fruit. The initially colorless juice turns black as it dries on the body.

Peintures corporelles

La couleur rouge vermillon sombre utilisée par les Kayapós et d'autres ethnies indiennes pour leurs peintures corporelles, provient de la teinture de l'arbre *urucú* (roucou). Ses fruits épineux contiennent des graines qui produisent une pâte intensément colorée. On peut également extraire une teinture de la baie du jagua. Son jus incolore produit, en séchant sur la peau, une couleur noirâtre.

Körperbemalung

Die dunkle, zinnoberrote Farbe, die die Kayapó und andere indianische Ethnien für Gesichts- und Körperbemalung benutzen, stammt vom Farbstoff des Urucú-Baums. Er trägt stachlige Früchte, aus deren Samen die intensive Farbpaste gewonnen wird. Auch aus der Jenipapo-Frucht kann Farbe hergestellt werden. Der zunächst farblose Saft zeigt beim Trocknen auf dem Körper eine schwarze Färbung.

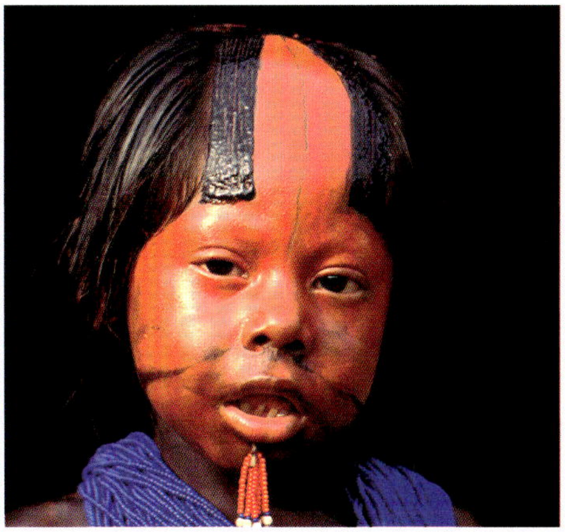

Pinturas para el cuerpo

El color oscuro y bermellón utilizado por los Kayapó y otros grupos étnicos indios para pintar la cara y el cuerpo provienen del tinte del árbol de Urucú. Este produce frutos espinosos de cuyas semillas se obtiene la pasta de color intenso. El color también puede ser producido de la fruta Jenipapo. El zumo, inicialmente incoloro, muestra un color negro en el cuerpo mientras se seca.

Pintura corporal

A cor vermelha escura usada pelos Kayapós e outras etnias indígenas para pintar o rosto e o corpo vem da tintura da semente de urucum. O urucuzeiro produz frutos espinhosos, de cujas sementes se obtém a pasta de cor intensa. Também pode-se produzir tinta a partir do fruto do jenipapo. O sumo inicialmente incolor apresenta uma cor preta no corpo à medida que seca.

Bodypainting

De donkere vermiljoen kleur, die de Kayapó en andere indiaanse etnische groepen gebruiken voor gezichts- en lichaamsbeschildering, komt van de kleurstof van de orleaanboom. Hij draagt stekelige vruchten. De kleurpasta wordt uit hun zaadjes gewonnen. Ook uit de genipapo vrucht kan kleur worden gemaakt. Het aanvankelijk kleurloze sap geeft bij het drogen op het lichaam een zwarte kleur weer.

Xingu National Park

The Xingu National Park covers an area of 27,000 km² (10,424 sq mi). It is located in the north of the state of Mato Grosso in the Amazon region on the Xingu River. Founded in 1961 as the first park to protect indigenous groups, it became a showcase project. It is the result of decades of persuasion by committed Brazilians of the Indian Protection Agency such as General Rondon and anthropologist Darcy Ribeiro. The national park is home to 14 different ethnic groups, the majority of which belong to the major nations of the Caribe, Aruaque, Tupi and Macro-Gê.

Parc indigène du Xingu

Le parc indigène du Xingu occupe une superficie de 27 000 km² au nord de l'État de Mato Grosso dans la région de l'Amazone, sur les rives du fleuve Xingu. Premier parc fondé en 1961 afin de protéger les groupes indigènes, ce fut un projet modèle, résultat de décennies d'efforts de persuasion de la part de Brésiliens engagés au sein de l'autorité de protection des Indiens, tels que le général Rondon et l'anthropologue Darcy Ribeiro. Appartenant majoritairement aux grandes nations Caribe, Aruaque, Tupi et Macro-Gê, 14 groupes ethniques différents vivent dans le parc.

Xingu-Nationalpark

Der Xingu-Nationalpark umfasst 27 000 km². Er liegt im Norden des Bundesstaats Mato Grosso im Amazonasgebiet am Xingu-Fluss. 1961 als erster Park zum Schutz indigener Gruppen gegründet, wurde er zum Vorzeigeprojekt: das Ergebnis jahrzehntelanger Überzeugungsarbeit engagierter Brasilianer der Indianerschutzbehörde wie General Rondon und Anthropologen Darcy Ribeiro. Im Nationalpark leben 14 verschiedene ethnische Gruppen, die mehrheitlich zu den großen Nationen der Caribe, Aruaque, Tupi und Macro-Gê gehören.

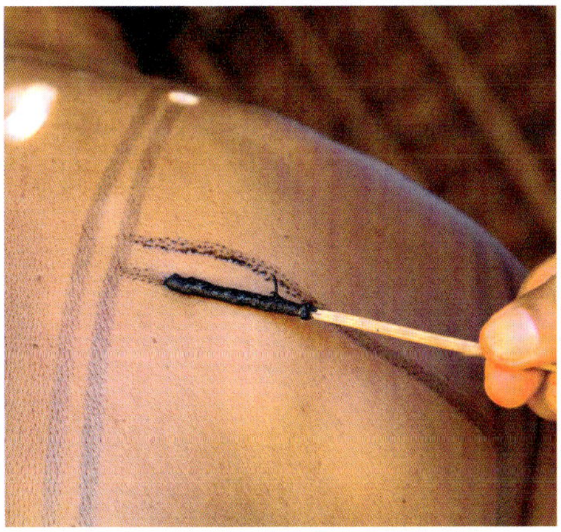

Parque Nacional de Xingu

El Parque Nacional de Xingu tiene una superficie de 27 000 km^2. Se encuentra en el norte del estado de Mato Grosso en la región amazónica a orillas del río Xingu. Fundado en 1961 como el primer parque en proteger a los grupos indígenas, se convirtió en un proyecto modelo: el resultado de décadas de persuasión de brasileños comprometidos con la Agencia de Protección de la India, como el General Rondon y el antropólogo Darcy Ribeiro. El parque nacional es el hogar de 14 grupos étnicos diferentes, la mayoría de los cuales pertenecen a las principales naciones del Caribe, Aruaque, Tupí y Macro-Gê.

Parque Nacional do Xingu

O Parque Nacional do Xingu abrange 27 000 km^2. Localiza-se no norte do estado do Mato Grosso, na região amazônica, no rio Xingu. Fundado em 1961 como o primeiro parque com a finalidade de proteger grupos indígenas, tornou-se um projeto-modelo. O resultado de décadas de persuasão de brasileiros comprometidos com o Fundação Nacional do Índio , como o general Rondon e a antropóloga Darcy Ribeiro. O parque nacional abriga 14 grupos étnicos diferentes, a maioria dos quais pertencem às principais nações do Caribe, Aruaque, Tupi e Macro-Jê.

Parque Indígena do Xingu

Het Parque Indígena do Xingu beslaat 27 000 km^2. Het ligt in het noorden van de deelstaat Mato Grosso in het Amazonegebied aan de Xingu-rivier. Opgericht in 1961 als eerste park ter bescherming van inheemse groepen werd het vervolgens een showcaseproject. Het resultaat van tientallen jaren van overtuigingskracht van geëngageerde Brazilianen van de "Nationale Stichting voor de Indianen" zoals generaal Rondon en antropoloog Darcy Ribeiro. In het nationale park leven 14 verschillende etnische groepen, waarvan de meerderheid tot de grote volken zoals de Cariben, Arowakken, Tupi en Macro-Gê behoort.

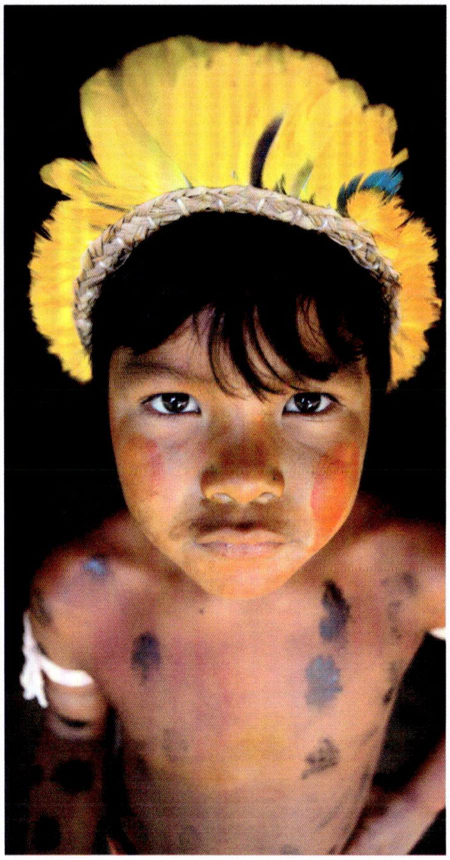

Minas Gerais & Espírito Santo

Ouro Preto, Minas Gerais

Belo Horizonte, Minas Gerais

Minas Gerais and Espirito Santo

Minas Gerais means general mine. At the end of the 17th century, gold and diamond fever broke out and flooded the southwestern area with adventurers. The Portuguese crown forced black slaves from Sudan to work in the mines. In 1789 there was the first rebellion against the colonial masters, and their leader Tiradentes - tooth puller - was executed. Today he is a national hero. During their heyday, the legendary baroque towns developed. Espirito Santo means Holy Spirit. The federal state of Espirito Santo with the capital Vitória lies in the southwest and is strongly urbanized and industrialized.

Minas Gerais et Espírito Santo

Minas Gerais signifie « grande mine ». La ruée vers l'or et les diamants débuta à la fin du XVIIe siècle et inonda d'aventuriers cette région du sud-ouest. La couronne portugaise envoya des esclaves originaires du Soudan travailler dans les mines. En 1789, les premières révoltes éclatèrent contre les colonisateurs, mais leur meneur, Tiradentes, « l'arracheur de dents », fut exécuté. Il est aujourd'hui un héros national. C'est à cette époque que furent bâties les petites villes baroques qui font de nos jours la célébrité de l'État. Espírito Santo, dont la capitale est Vitória, est situé au sud-ouest. C'est un État fortement urbanisé et industrialisé.

Minas Gerais und Espirito Santo

Minas Gerais bedeutet große Mine. Ende des 17. Jahrhunderts brach das Gold- und Diamantenfieber aus und überspülte das Gebiet im Südwesten mit Abenteurern. Die portugiesische Krone ließ schwarze Sklaven aus dem Sudan in den Minen schuften. 1789 gab es den ersten Aufstand gegen die Kolonialherren. Ihr Anführer Tiradentes – Zahnzieher – wurde hingerichtet. Er ist heute ein Nationalheld. In der Blütezeit entstanden die legendären Barockstädtchen. Espirito Santo bedeutet Heiliger Geist. Der Bundesstaat Espirito Santo mit der Hauptstadt Vitória liegt im Südwesten. Er ist stark urbanisiert und industrialisiert.

Vitória, Espírito Santo

Minas Gerais y Espírito Santo
Minas Gerais significa gran mina. A finales del siglo XVII, la fiebre del oro y los diamantes estalló e inundó la zona suroeste con aventureros. La corona portuguesa tenía esclavos negros de Sudán esclavizados en las minas. En 1789 se produjo la primera rebelión contra los amos coloniales. El líder de la rebelión, Tiradentes (sacamuelas), fue ejecutado y hoy es un héroe nacional. En su apogeo, surgieron las legendarias ciudades barrocas. El estado federal Espírito Santo con la capital Vitória se encuentra en el suroeste. Se encuentra muy urbanizado e industrializado.

Minas Gerais e Espírito Santo
Minas Gerais significa grande mina. No final do século 17, a febre da corrida ao ouro e ao diamante eclodiu e inundou a zona sudoeste com aventureiros. A coroa portuguesa fazia com que escravos negros do Sudão trabalhassem nas minas. Em 1789 houve a primeira rebelião contra os mestres coloniais. O seu líder Tiradentes - arrancador de dentes - foi executado. Hoje ele é um herói nacional. Durante o seu apogeu, surgiram as lendárias cidades barrocas. Espírito Santo significa exatamente Espírito Santo. O estado federal do Espírito Santo com sua capital Vitória fica no sudoeste. É fortemente urbanizado e industrializado.

Minas Gerais en Espirito Santo
Minas Gerais betekent grote mijn. Aan het einde van de 17e eeuw brak de goud- en diamantkoorts uit en overspoelde het gebied in het zuidwesten met avonturiers. De Portugese kroon liet zwarte slaven uit Soedan in de mijnen ploeteren. In 1789 was er de eerste opstand tegen de koloniale heersers. Hun leider Tiradentes – tandtrekker - werd geëxecuteerd. Vandaag de dag is hij een nationale held. Tijdens hun hoogtijdagen ontstonden de legendarische barokke stadjes. Espirito Santo betekent Heilige Geest. De deelstaat Espirito Santo met de hoofdstad Vitória ligt in het zuidwesten en is sterk verstedelijkt en geïndustrialiseerd.

Belo Horizonte, Minas Gerais

Estádio Governador Magalhães Pinto, Belo Horizonte, Minas Gerais

Belo Horizonte

Thanks to the economic successes of mining and livestock breeding, the new capital of Minas Gerais, Belo Horizonte, was founded in 1897. In 1943, Oscar Niemeyer helped to build the modern district of Pampulha: An artificial lake and the church of São Francisco, whose tower has the shape of a pyramid standing on its top, set accents. The façade is made of glass and the painted azulejos inside made by Cândido Portinari, the great Brazilian painter, tell the story of the saint. The Estádio Mineiro football stadium is almost as large as the Maracanã in Rio de Janeiro.

Belo Horizonte

À la faveur du succès économique de l'exploitation minière et de l'élevage, l'État de Minas Gerais fit bâtir une nouvelle capitale en 1897, Belo Horizonte. En 1943, Oscar Niemeyer participa à la création du quartier moderne de Pampulha : le lac artificiel et l'église São Francisco de Assis, dotée d'une tour pyramidale inversée, en sont les joyaux. La façade est en verre, alors que les azulejos colorés à l'intérieur, peints par l'artiste brésilien Cândido Portinari, content l'histoire des saints. Le stade de football Estádio Mineirão est pratiquement aussi grand que le stade Maracanã de Rio de Janeiro.

Belo Horizonte

Dank der wirtschaftlichen Erfolge aus Bergbau und Viehzucht entstand 1897 die neue Hauptstadt von Minas Gerais, Belo Horizonte. Oscar Niemeyer legte 1943 bei der Errichtung des modernen Stadtviertels Pampulha Hand an: Ein künstlicher See und die Kirche São Francisco, deren Turm die Form einer auf der Spitze stehende Pyramide hat, setzen Akzente. Die Fassade ist aus Glas und die bemalten Azulejos innen erzählen die Geschichte des Heiligen. Sie stammen von Cândido Portinari, dem bedeutenden brasilianischen Maler. Das Fußballstadion Estádio Mineiro ist fast so groß wie das Maracanã in Rio de Janeiro.

Parque Guanabara, Belo Horizonte, Minas Gerais

Belo Horizonte
Gracias a los éxitos económicos de la minería y la ganadería, en 1897 se fundó la nueva capital de Minas Gerais, Belo Horizonte. En 1943, Oscar Niemeyer ayudó a construir el moderno distrito de Pampulha, cuyo lago artificial e iglesia de São Francisco (que tiene una torre con forma de pirámide en la parte superior) le dan un toque importante. La fachada es de cristal y los azulejos pintados en su interior cuentan la historia del santo. Son obra de Cândido Portinari, el gran pintor brasileño. El estadio de fútbol Estádio Mineiro es casi tan grande como el Maracanã en Río de Janeiro.

Belo Horizonte
Graças ao sucesso econômico da mineração e da pecuária, foi fundada em 1897 a nova capital de Minas Gerais, Belo Horizonte. Em 1943, Oscar Niemeyer ajudou a construir o moderno bairro da Pampulha: um lago artificial e a Igreja de São Francisco de Assis, cuja torre tem a forma de uma pirâmide no topo, dão um tom especial. A fachada é de vidro e os azulejos pintados no interior contam a história do santo. São de Cândido Portinari, o grande pintor brasileiro. O Estádio Mineirão é quase tão grande quanto o Maracanã no Rio de Janeiro.

Belo Horizonte
Dankzij de economische successen van de mijnbouw en veeteelt ontstond in 1897 Belo Horizonte, de nieuwe hoofdstad van Minas Gerais. In 1943 hielp Oscar Niemeyer een handje bij de bouw van de moderne wijk Pampulha: een kunstmatig meer en de kerk van São Francisco, waarvan de toren de vorm heeft van een piramide die op een punt staat, zetten accenten. De gevel is van glas en de geschilderde azulejos binnenin vertellen het verhaal van de heilige. Ze stammen uit Cândido Portinari, de grote Braziliaanse schilder. Het voetbalstadion Estádio Mineiro is bijna net zo groot als het Maracanã in Rio de Janeiro.

Churrasco
The classic skewered roast made from the best beef originally comes from the south. In the northeast, a kid is placed on a wooden skewer, roasted over an open fire and seasoned with brine using a brush made from a herb bush. Today Churrasco misto is most popular: Various hot marinated meats, chicken, innards, pork and beef loin, and coarse sausages are skewered and grilled.

Churrasco
La classique grillade d'excellente viande de bœuf vient à l'origine du sud. Dans la région Nord-Est, le chevreau est grillé sur un pique en bois en contact direct avec la flamme et assaisonné de saumure aux herbes sauvages. Aujourd'hui, le *churrasco misto* rencontre un grand succès : il se compose de plusieurs variétés de viandes : volaille et abats, reins de porc et de bœuf et saucisse épaisse, préparées dans une marinade épicée et grillées à la broche.

Churrasco
Der klassische Spießbraten aus bestem Rindfleisch stammt ursprünglich aus dem Süden. Im Nordosten kommt ein Zicklein auf einen Holzspieß, wird am offenen Feuer gebraten und mit Salzlauge per Kräuterbuschpinsel gewürzt. Heute dominiert Churrasco misto: verschiedene scharf marinierte Fleischsorten, Huhn und Innereien, Schweine- und Rinderlende, grobe Wurst werden aufgespießt und gegrillt.

Churrasco
El clásico asado en brocheta hecho con la mejor carne de res originaria del sur. En el noreste, se coloca un cabrito en una brocheta de madera, se asa sobre un fuego abierto y se sazona con salmuera usando un cepillo de arbusto de hierbas. Hoy domina el churrasco misto: varias carnes marinadas calientes, pollo y entrañas, lomo de cerdo y de res, salchichas gruesas son ensartadas y asadas a la parrilla.

Churrasco
O clássico assado espetado feito com a melhor carne de vaca vem originalmente do sul. No nordeste, um cabrito é colocado em um espeto de madeira, assado em fogo aberto e temperado com salmoura usando um pincel de arbusto de ervas. Hoje domina o misto churrasco: várias carnes marinadas quentes, frango e vísceras, carne de porco e lombo de vaca, salsichas grossas são espetadas e grelhadas.

Churrasco
De klassieke spies van het beste rundvlees komt oorspronkelijk uit het zuiden. In het noordoosten wordt een kleine geit aan een houten spies gespietst, boven een open vuur gebraden en gekruid door toevoeging van zoutloog met een kruidenstruikkwast. Vandaag de dag domineert churrasco misto: diverse scherp gemarineerde vleessoorten, kip en ingewanden, varkens- en runderlende en grove worst worden gespiest en gegrild.

Ouro Preto
Ouro Preto is a World Heritage Site. Via partly steep cobbled streets, visitors reach the impressive church: The São Francisco de Assis Church is considered the most important religious building of the 18th century in Brazil. Its planning and execution goes back to the master builder and artist Aleijadinho.

Ouro Preto
La ville d'Ouro Preto est classée monument historique. Des ruelles escarpées en partie couvertes de pavés mènent le visiteur jusqu'à un édifice impressionnant : l'église de São Francisco de Assis, considérée comme le plus important bâtiment sacré brésilien du XVIIIe siècle. Sa conception et sa réalisation sont l'œuvre de l'architecte et sculpteur Aleijadinho.

Ouro Preto
Ouro Preto steht unter Denkmalschutz. Über teils steile Kopfsteinpflasterstraßen gelangen Besucher zur beeindruckenden Kirche: Die Heiligenkirche São Francisco de Assis gilt als wichtigster Sakralbau des 18. Jahrhunderts in Brasilien. Ihre Planung und Durchführung geht auf den Baumeister und Künstler Aleijadinho zurück.

Ouro Preto
Ouro Preto es un municipio protegido. A través de calles empedradas en parte empinadas, los visitantes llegan a la impresionante iglesia: la iglesia de São Francisco de Assis es considerada el edificio religioso más importante del siglo XVIII en Brasil. Su planificación y ejecución se remontan al maestro de obras y artista Aleijadinho.

Ouro Preto
Ouro Preto é uma cidade tombada como Patrimônio Histórico. Através de ruas parcialmente íngremes de paralelepípedos, os visitantes chegam à impressionante igreja: a Igreja São Francisco de Assis é considerada a mais importante construção religiosa do século XVIII no Brasil. Seu planejamento e execução remontam ao mestre construtor e artista plástico Aleijadinho.

Ouro Preto
Ouro Preto valt onder monumentenzorg. Via deels steile kasseien bereiken bezoekers de indrukwekkende kerk: de heilige kerk van São Francisco de Assis geldt als het belangrijkste sacraal bouwwerk van de 18e eeuw in Brazilië. De planning en uitvoering ervan gaat terug naar de bouwmeester en kunstenaar Aleijadinho.

Vale perto de Afonso Cláudio
Valley near Afonso Cláudio

Bugio-ruivo
Brown howler monkey

Christian rocks
The small state received its name Espirito Santo from a pious Portuguese nobleman. The imposing mountain formation O Frade e a freira ("The Monk and the Nun") is 683 m (2,240 ft) high. Its name goes back to the Christianization of the resisting Indian groups. The natural monument made of granite is located in the south of the country.

Rocher chrétien
Le petit État d'Espírito Santo fut ainsi baptisé en hommage à un noble portugais pieux. Au sud, l'imposante formation rocheuse O Frade e a Freira (« le moine et la nonne ») culmine à 683 m. Elle doit son nom à une légende évoquant la période où les religieux tentaient de christianiser les populations indiennes rétives. Ce site granitique est aujourd'hui un monument classé.

Christliche Felsen
Seinen Namen Espirito Santo erhielt das kleine Bundesland von einem frommen portugiesischen Adligen. Die imposante Bergformation O Frade e a freira („Der Mönch und die Nonne") ist 683 m hoch. Ihr Name geht auf die Christianisierung der Widerstand leistenden indianischen Gruppen zurück. Das Naturdenkmal aus Granit liegt im Süden des Landes.

Rocas cristianas
El pequeño estado recibió su nombre de Espírito Santo de un noble portugués piadoso. La imponente formación montañosa O Frade e a freira («El monje y la monja») tiene 683 m de altura. Su nombre se remonta a la cristianización de los grupos indígenas resistentes. El monumento natural de granito se encuentra en el sur del país.

Rochas cristãs
O pequeno estado recebeu o seu nome de Espírito Santo de um piedoso nobre português. A imponente formação montanhosa "O Frade e a Freira" ("O Monge e a Freira") tem 683 m de altura. Seu nome remonta à cristianização dos grupos indígenas resistentes. O monumento natural feito de granito está localizado no sudeste do país.

Christelijke rotsen
Zijn naam Espirito Santo kreeg de kleine deelstaat van een vrome Portugese edelman. De imposante bergformatie O Frade e a freira ("De monnik en de non") is 683 m hoog. De naam stamt uit de kerstening van weerstand biedende indiaanse groepen. Het natuurmonument van graniet ligt in het zuiden van het land.

Monumento Natural "O Frade e a Freira", Espírito Santo
Frade e a Freira Natural Monument, Espírito Santo

Parque Pedra da Cebola , Espírito Santo
Pedra da Cebola Park, Espírito Santo

Pedra Azul, Espírito Santo

Nature parks

With 400 km (248 mi) of coastline, extensive Atlantic rainforest, green hills and mountains and impressive waterfalls, Espirito Santo has a lot to offer visitors. For example, the Parque de Pedra da Cebola Nature Park offers the geological formation of an onion-shaped rock. In the Pedra Azul ("Blue Rock") state park that is 1,200 ha (624,978 sq mi) large, the 1,822 m (5978 ft) high granite rock is impressive. It often shimmers blue because it is covered by a bluish moss. In order to reach the nine natural swimming pools in the park, accompanied by a guide, you have to be quite fit.

Parcs naturels

Une forêt humide atlantique étendue, 400 km de côtes, un paysage de collines et de montagnes verdoyant, d'imposantes chutes d'eau, l'État d'Espírito Santo a de quoi attirer les visiteurs. Ainsi, le parc naturel de Pedra da Cebola abrite une formation géologique intéressante en forme de bulbe végétal. Dans le parc national Pedra Azul, occupant 1 200 ha, trône une imposante roche éponyme s'élevant à 1 822 m. Les reflets bleutés dont elle se pare souvent, proviennent de la mousse qui la recouvre. Une excursion en compagnie d'un guide permet d'atteindre les neuf bassins d'eau naturels du parc, mais elle nécessite une bonne condition physique.

Naturparks

Mit 400 km Küste, ausgedehntem atlantischen Regenwald, grüner Hügel- und Berglandschaft sowie imposanten Wasserfällen hat Espirito Santo Besuchern einiges zu bieten. So wartet der Naturpark Parque de Pedra da Cebola mit der geologischen Formation eines Zwiebelfelsens auf. Im staatlichen Park Pedra Azul („Blauer Fels") der 1200 ha groß ist, beeindruckt der 1822 m hohe martialische Fels. Er schimmert oft blau, weil er von einem bläulichen Moos bedeckt ist. Um zu den neun natürlichen Schwimmbecken im Park in Begleitung eines Guides aufzusteigen, bedarf es einer guten Konstitution.

Cachoeira Vovó Lúcia, Alfredo Chaves, Espírito Santo
Waterfall Grandma Lucia, Alfredo Chaves, Espírito Santo

Parques naturales

Con 400 km de costa, extensa selva tropical atlántica, verdes colinas y montañas e impresionantes cascadas, Espírito Santo tiene mucho que ofrecer a los visitantes. Por ejemplo, el Parque de Pedra da Cebola ofrece la formación geológica de una roca de cebolla. En el parque estatal Pedra Azul (1200 ha), se puede admirar la roca marcial de 1822 m de altura. A menudo brilla de azul porque está cubierto por un musgo azulado. Para llegar a las nueve piscinas naturales del parque acompañado de un guía hay que estar en forma.

Parques naturais

Com 400 km de litoral, extensa Mata Atlântica, verdes morros e montanhas e impressionantes cachoeiras, o Espírito Santo tem muito a oferecer aos visitantes. Por exemplo, o Parque Natural do Parque de Pedra da Cebola oferece a formação geológica de uma rocha em forma de uma cebola. No parque estadual Pedra Azul, de 1200 ha, a rocha desafiadora de 1822 m de altura impressiona. Muitas vezes brilha azul porque está coberto por um musgo azulado. Para chegar às nove piscinas naturais do parque, acompanhadas por um guia, você precisa de uma boa condição física.

Natuurparken

Met 400 km kust, een uitgestrekt Atlantisch regenwoud, groene heuvel- en berglandschappen en indrukwekkende watervallen heeft Espirito Santo de bezoekers veel te bieden. Zo toont het natuurpark Parque de Pedra da Cebola de geologische vorming van een rots in de vorm van een ui. In het 1200 ha grote staatspark Pedra Azul ("Blauwe rots") imponeert de 1822 m hoge martiale rots die vaak blauw glinstert, omdat hij is bedekt met een blauwachtig mos. Om onder begeleiding van een gids naar de negen natuurlijke zwembaden in het park te klimmen, is een goede fysieke conditie nodig.

Quaresmeira Roxa, Marechal Floriano, Espírito Santo

Ouriço-preto
Bristle-spined rat

Hummingbird Paradise
In the hilly hinterland, 78 km (14 mi) from the capital Vitória, the climate is pleasantly warm, but not too hot. These are ideal conditions for hummingbird populations. There is a small village called Beija-Flor do Espirito Santo. Heliconias grow here, whose flowers are particularly sought after by hummingbirds. Biologists became interested in hummingbirds and founded a biological center. Today there is also a small zoo with hummingbirds and butterflies. Nature and hummingbird lovers can watch the petite birds flapping their wings 80 times per second.

Un paradis pour colibris
Dans l'arrière-pays vallonné, à 78 km de la capitale Vitória, le climat est agréablement chaud, sans excès. Ce sont des conditions idéales pour les colibris. Dans la petite localité de Beija-Flor do Espírito Santo, poussent diverses variétés d'heliconia dont les fleurs sont particulièrement appréciées des colibris. Des biologistes se sont intéressés à ces oiseaux et y ont installé un centre de recherche. Aujourd'hui, le site comprend un petit zoo de colibris et de papillons. Amoureux de la nature et passionnés de colibris peuvent ainsi admirer ces gracieux oiseaux et leur formidable battement d'ailes (80 battements/seconde).

Kolibri-Paradies
Im hügeligen Hinterland, 78 km von der Hauptstadt Vitória, ist das Klima angenehm warm, aber nicht zu heiß. Es sind ideale Bedingungen für Kolibri-Populationen. Es gibt eine kleine Ortschaft, die als Beija-Flor do Espirito Santo bezeichnet wird. Helikonien wachsen hier, deren Blüten von Kolibris besonders begehrt sind. Biologen interessierten sich für die Kolibris und gründeten ein biologisches Zentrum. Heute gibt es auch einen kleinen Zoo mit Kolibris und Schmetterlingen. Natur- und Kolibriliebhaber können beobachten, wie die zierlichen Vögel pro Sekunde 80 Mal mit ihren Flügeln schlagen.

Colibri esmeralda
Honduran emerald

Paraíso de los colibríes
En el interior de las colinas, a 78 km de la capital Vitória, el clima es agradablemente cálido, pero no demasiado caliente. Estas son condiciones ideales para las poblaciones de colibríes. Hay un pequeño pueblo llamado Beija-Flor do Espírito Santo. Aquí crecen las heliconias, cuyas flores son particularmente buscadas por los colibríes. Los biólogos se interesaron por los colibríes y fundaron un centro biológico. Hoy en día también hay un pequeño zoológico con colibríes y mariposas. Los amantes de la naturaleza y de los colibríes pueden observar las pequeñas aves batiendo sus alas 80 veces por segundo.

Paraíso do Beija-flor
No sertão montanhoso, a 78 km da capital Vitória, o clima é agradavelmente quente, mas não muito quente. Estas são condições ideais para populações de beija-flores. Existe uma pequena cidade "Santa Teresa" que é chamada de "Beija-flor do Espírito Santo". As helicónias crescem aqui, cujas flores são particularmente procuradas pelos beija-flores. Os biólogos interessados em beija-flores fundaram um centro biológico. Hoje há também um pequeno zoológico com beija-flores e borboletas. Os amantes da natureza e do beija-flor podem ver as pequenas aves batendo as asas 80 vezes por segundo.

Kolibrieparadijs
In het heuvelachtige achterland, 78 km van de hoofdstad Vitória, is het klimaat aangenaam warm, maar niet te heet. Dit zijn ideale omstandigheden voor kolibriepopulaties. Er is een klein dorpje dat Beija-Flor do Espirito Santo wordt genoemd. Hier groeien heliconia's, waarvan de bloemen bijzonder gewild zijn bij de kolibries. Biologen waren geïnteresseerd in kolibries en richtten een biologisch centrum op. Vandaag de dag is er ook een kleine dierentuin met kolibries en vlinders. Natuur- en kolibrieliefhebbers kunnen observeren hoe de sierlijke vogels 80 keer per seconde met hun vleugels klapperen.

Pedra Azul, Espírito Santo

Serra da Beleza, Minas Gerais

Coffee and cocoa

The Portuguese queen and ruler of the Brazilian colony, Maria I, accepted cocoa beans as money, that was how high their value was. The red gold, the coffee fruit from the south, and the golden fruits, cocoa, from the north were among Brazil's most important export products in the 19th and 20th centuries. When coffee and cocoa were consumed modestly as a luxury drink in Europe, Brazilians could consume it themselves generously, but today, almost all of Brazil's high-quality coffee and cocoa is exported.

Café et cacao

La reine du Portugal, Maria Ire, qui était également souveraine de la colonie du Brésil, acceptait les fèves de cacao comme monnaie d'échange tant elles étaient précieuses. L'or rouge, les baies de café du sud, et les fruits dorés, le cacao, venus du nord du pays comptaient parmi les produits d'exportation les plus importants du Brésil aux XIXe et XXe siècles. Alors qu'en Europe, café et cacao restaient des boissons de luxe consommées avec parcimonie, les Brésiliens en disposaient en abondance. Aujourd'hui, ces deux produits très estimés sont pratiquement exportés en totalité.

Kaffee und Kakao

Die portugiesische Königin und Herrscherin über die Kolonie Brasilien, Maria I., akzeptierte Kakaobohnen als Geld, so hoch lag ihr Wert. Das rote Gold, die Kaffeefrucht aus dem Süden, und die goldenen Früchte, Kakao, aus dem Norden gehörten zu den wichtigsten Exportprodukten Brasiliens im 19. und 20. Jahrhundert. Als in Europa Kaffee und Kakao als Luxusgetränk bescheiden konsumiert wurde, konnten sich Brasilianer großzügig einschenken. Heute geht der hochwertige Kaffee und Kakao Brasiliens fast komplett in den Export.

Café y cacao

La reina portuguesa y gobernante de la colonia brasileña, María I, aceptó el cacao en grano como dinero, así de alto era su valor. El oro rojo, el café del sur y los frutos de oro (el cacao) del norte fueron los productos de exportación más importantes de Brasil en los siglos XIX y XX. Cuando en Europa el café y el cacao se consumían de forma modesta como bebida de lujo, los brasileños podían servírselo generosamente. Hoy en día, se exporta casi todo el café y el cacao de alta calidad de Brasil.

Café e cacau

A rainha e governante portuguesa da colônia brasileira, Maria I, aceitava o cacau como dinheiro, tão alto era o seu valor. O ouro vermelho, o fruto do café do sul, e os frutos dourados, o cacau, do norte, estiveram entre os mais importantes produtos de exportação do Brasil nos séculos XIX e XX. Quando, na Europa, o café e o cacau eram consumidos modestamente como uma bebida de luxo, os brasileiros podiam servir-se com abundância. Hoje, quase todo o café e cacau de alta qualidade do Brasil é exportado.

Koffie en cacao

De Portugese koningin en heerseres van de Braziliaanse kolonie, Maria I, accepteerde cacaobonen als geld, zo hoog was hun waarde. Het rode goud, de koffievruchten uit het zuiden en de gouden vruchten, cacao, uit het noorden, behoorden in de 19e en 20e eeuw tot de belangrijkste exportproducten van Brazilië. Terwijl in Europa koffie en cacao in bescheiden mate als luxe drank werd geconsumeerd, konden Brazilianen zich hier royaal van bedienen. Tegenwoordig gaat de hoogwaardige Braziliaanse koffie en cacao bijna compleet naar de export.

São Paulo

São Paulo

Catedral Metropolitana de São Paulo
São Paulo See Metropolitan Cathedral

São Paulo
With 21 million inhabitants, São Paulo is one of the largest mega-regions in the world. It has been regarded as Brazil's economic locomotive since the middle of the 19th century. The coffee boom based on the slave labor of black Africans, who were replaced in 1888 by immigrants from Japan and then Italy after the abolition of slavery, brought immense wealth to large landowners. The provincial town of São Paulo, which emerged from the Jesuit foundation in 1554, became the economic, political and cultural center of the country. In the 1960s, the automobile industry developed and the city prospered. Administration, banks, industrial and financial power are concentrated in the megacity.

São Paulo
Avec 21 millions d'habitants, São Paulo compte parmi les plus grandes méga-régions du monde. Elle est le moteur économique du Brésil depuis le milieu du XIXe siècle. Profitant du travail des esclaves venus d'Afrique, remplacés après l'abolition de l'esclavage en 1888 par les émigrés japonais et italiens, l'essor de la production du café apporta aux grands propriétaires une immense richesse. La petite ville provinciale de São Paulo, fondée en 1554 par les jésuites, devint peu à peu le centre économique, politique et culturel du pays. Dans les années 1960, l'industrie automobile s'y développa et la ville prospéra. Administrations, banques et directions industrielles et financières se concentrent dans la mégapole.

São Paulo
Mit 21 Millionen Einwohnern gehört São Paulo zu den größten Megaregionen der Welt. Als wirtschaftliche Lokomotive Brasiliens gilt sie seit Mitte des 19. Jahrhunderts. Der Kaffeeboom durch Sklavenarbeit schwarzer Afrikaner, die 1888 nach Abschaffung der Sklaverei durch Einwanderer aus Japan und dann Italien ersetzt wurden, bescherte Großgrundbesitzern unermesslichen Reichtum. Das Provinzstädtchen São Paulo, das aus der Jesuitengründung 1554 hervorging, wurde zum wirtschaftlichen, politischen und kulturellen Zentrum des Landes. In den 1960er Jahren entwickelte sich die Autoindustrie und die Stadt prosperierte. Verwaltung, Banken, Industrie- und Finanzmacht konzentrieren sich in der Megacity.

Ponte Octávio Frias de Oliveira, São Paulo
Octávio Frias de Oliveira Bridge, São Paulo

São Paulo

Con 21 millones de habitantes, São Paulo es una de las mega regiones más grandes del mundo. Es considerada la locomotora económica de Brasil desde mediados del siglo XIX. El auge del café a través del trabajo esclavo de los africanos negros, que tras la abolición de la esclavitud fueron reemplazados en 1888 por inmigrantes de Japón y luego de Italia, trajo inmensas riquezas a los grandes terratenientes. La ciudad provincial de São Paulo, surgida de la fundación jesuita en 1554, se convirtió en el centro económico, político y cultural del país. En la década de 1960, se desarrolló la industria automotriz y la ciudad prosperó. La administración, los bancos, la industria y el poder financiero se concentran en esta megaciudad.

São Paulo

Com 21 milhões de habitantes, São Paulo é uma das maiores mega-regiões do mundo. É considerada a locomotiva econômica do Brasil desde meados do século XIX. O boom do café através do trabalho escravo dos africanos negros, que após a abolição da escravatura foram substituídos em 1888 por imigrantes do Japão e depois da Itália, trouxe imensa riqueza aos grandes latifundiários. A cidade provincial de São Paulo, que emergiu da fundação jesuíta em 1554, tornou-se o centro econômico, político e cultural do país. Na década de 1960, a indústria automobilística se desenvolveu e a cidade prosperou. A administração, os bancos, os poderes industrial e financeiro estão concentrados na megacidade.

São Paulo

São Paulo is met 21 miljoen inwoners een van de grootste megaregio's ter wereld. Sinds het midden van de 19e eeuw geldt ze als de economische locomotief van Brazilië. De sterke opleving van koffie door de slavenarbeid van de zwarte Afrikanen die in 1888 door immigranten uit Japan en vervolgens Italië werden vervangen, bezorgde de grootgrondbezitters enorme rijkdom. Het provinciestadje São Paulo, dat voortkwam uit de jezuïetenstichting in 1554, werd het economische, politieke en culturele centrum van het land. In de jaren zestig ontwikkelde de auto-industrie zich en floreerde. Kantoren, banken, industriële en financiële macht concentreren zich in de megastad.

São Paulo
96 districts spread over 1525 km² (587 sq mi). As an international financial and trade center, São Paulo boasts spectacular skyscrapers and bridges. Luxurious streets, modern museums, the best theaters and restaurants in Brazil are located in this cultural metropolis.

São Paulo
Ses 96 districts sont répartis sur 1 525 km². En tant que centre international financier et commercial, São Paulo possède plusieurs gratte-ciel et ponts spectaculaires. Rues luxueuses, musées modernes, ainsi que les meilleurs théâtres et restaurants du Brésil se regroupent dans cette métropole culturelle.

São Paulo
96 Distrikte verteilen sich auf 1525 km². Als internationales Finanz- und Handelszentrum wartet São Paulo mit spektakulären Wolkenkratzern und Brückenbauten auf. Luxuriöse Straßenzüge, moderne Museen, die besten Theater und Restaurants Brasiliens befinden sich in der Kulturmetropole.

São Paulo
96 distritos repartidos en 1525 km². Como centro financiero y comercial internacional, São Paulo cuenta con espectaculares rascacielos y puentes. En esta metrópolis cultural se encuentran lujosas calles, modernos museos, y los mejores teatros y restaurantes de Brasil.

São Paulo
96 distritos distribuídos em 1525 km². Como centro financeiro e comercial internacional, São Paulo possui arranha-céus e pontes espetaculares. Ruas luxuosas, museus modernos, os melhores teatros e restaurantes do Brasil estão localizados nesta metrópole cultural.

São Paulo
96 districten verspreid over 1525 km². Als internationaal financieel- en handelscentrum biedt São Paulo spectaculaire wolkenkrabbers en bruggen. Luxe straten, moderne musea, de beste theaters en restaurants van Brazilië bevinden zich in deze culturele metropool.

Parque do Ibirapuera, São Paulo
Ibirapuera Park, São Paulo

Ibirapuera Park
Indian names like Vale de Annexabaú and Ibirapuera Park refer to the original inhabitants, the Tupinambá. The park with its lake and museum was designed by Oscar Niemeyer in 1954. Open-air events and the São Paulo Biennale take place here.

Parc d'Ibirapuera
Les noms indiens tels que *vale do Anhangabaú* et *parque Ibirapuera* évoquent les premiers habitants de la région, le peuple Tupinamba. C'est Oscar Niemeyer qui dessina en 1954 ce parc qui comprend un lac et un musée. Le site accueille également des expositions en plein air et la biennale de São Paulo.

Ibirapuera-Park
Indianische Namen wie Vale de Anhangabaú und Ibirapuera-Park verweisen auf die Ureinwohner, die Tupinambá. Den Park mit See und Museum entwarf Oscar Niemeyer 1954. Hier finden Open-Air Veranstaltungen und die Biennale von São Paulo statt.

Parque Ibirapuera
Nombres indígenas como el Vale de Anhangabaú y el Parque Ibirapuera se refieren a los aborígenes, los Tupinambá. El parque con lago y museo fue diseñado por Oscar Niemeyer en 1954, y en él se realizan eventos al aire libre y la Bienal de São Paulo.

Parque do Ibirapuera
Nomes indígenas como o do Vale do Anhangabaú e do Parque do Ibirapuera referem-se aos índios, os Tupinambás. O parque com lago e museu foi projetado por Oscar Niemeyer em 1954. Eventos ao ar livre e a Bienal de São Paulo acontecem aqui.

Ibirapuera Park
Indiaanse namen zoals Vale do Anhangabaú en Ibirapuerapark verwijzen naar de oerinwoners, de borigines, de Tupinambá. Het park met een meer en museum werd in 1954 ontworpen door Oscar Niemeyer. Hier vinden openluchtevenementen en de Biënnale van São Paulo plaats.

Praias do Guarajá, São Paulo
Guarajá Beach, São Paulo

Praia da Sununga, Ubatuba
Sununga Beach, Ubatuba

Beaches
In addition to the old port of Santos, which was decisive for the export of coffee and the import of European goods, São Paulo's coastline has 80 beaches stretching over 90 km (56 miles). Ubatuba, in colonial times an important port, also for smuggling, is one of the most popular seaside resorts for the Paulistanos, the city dwellers who come in droves in the high season.

Plages
Outre la ville portuaire ancienne de Santos, qui joua un rôle essentiel dans les exportations de café et l'importation de biens européens, la côte de São Paulo compte 80 plages qui se succèdent sur 90 km. Ubatuba, ancien grand port de contrebande de l'époque coloniale, compte parmi les lieux de baignade préférés des citadins, les *Paulistanos*, qui s'y retrouvent à la haute saison.

Strände
São Paulos Küste hat neben der alten Hafenstadt Santos, die für den Export des Kaffee und den Import europäischer Güter entscheidend war, 80 Strände auf 90 km Länge zu bieten. Ubatuba, in der Kolonialzeit ein wichtiger Hafen auch für Schmuggel, gehört zu den beliebtesten Badeorten für die Paulistanos, die Städter. Sie kommen in der Hochsaison zu Scharen.

Playas
El litoral paulista tiene 80 playas de 90 km de largo, además del antiguo puerto de Santos, que fue decisivo para la exportación de café y la importación de productos europeos. Ubatuba, en tiempos coloniales un puerto importante también para el contrabando, es uno de los balnearios más populares para los paulistanos, los habitantes de la ciudad, que vienen en masa en temporada alta.

Praias
O litoral paulista tem além das 80 praias de 90 km de extensão, o antigo porto de Santos, que foi decisivo para a exportação de café e a importação de produtos europeus. Ubatuba, foi em tempos coloniais um importante porto também para o contrabando, atualmente é um dos mais populares balneários para os paulistanos, os moradores da cidade. Eles chegam em massa na alta temporada.

Stranden
De kustlijn van São Paulo heeft naast de oude havenstad Santos, die voor de export van koffie en de import van Europese goederen van belang, 80 stranden op 90 km lengte. Ubatuba, in de koloniale tijd ook een belangrijke haven voor smokkelaars, is een van de meest populaire badplaatsen voor de Paulistanos, de stadsbewoners. Ze komen in het hoogseizoen in groten getale.

Pedra do Baú, Serra da Mantiqueira
Pedra do Baú, Mantiqueira Mountains

Pedra do Baú
São Paulo's hinterland to the north, bordering Rio de Janeiro and Minas Gerais, offers a wonderful mountain landscape at an altitude of 1,950 m (6398 ft): The Mantiqueira. The rock formation of Pedra do Baú rises 300 m (984 ft) above sea level. This is where mountaineers test themselves on ropes.

Pedra do Baú
L'arrière-pays au nord de São Paulo, qui s'étend jusqu'aux États de Rio de Janeiro et de Minas Gerais, offre un magnifique paysage de montagnes culminant à 1 950 m, dénommé la Mantiqueira. Au cœur de ce massif, les alpinistes viennent s'éprouver sur la formation rocheuse Pedra do Baú qui s'élève sur 300 m.

Pedra do Baú
São Paulos Hinterland im Norden, das an Rio de Janeiro und Minas Gerais grenzt, bietet eine wunderbare Gebirgslandschaft auf 1950 m Höhe: die Mantiqueira. Die Felsformation der Pedra do Baú ragt 300 m in die Höhe. Hier beweisen sich Bergsteiger am Seil.

Pedra do Baú
El interior de São Paulo, al norte, en la frontera con Rio de Janeiro y Minas Gerais, ofrece un maravilloso paisaje montañoso a 1950 m de altitud: la Mantiqueira. La formación rocosa de Pedra do Baú se eleva 300 m sobre el nivel del mar. Aquí es donde los montañeros se ponen a prueba con las cuerdas.

Pedra do Baú
O sertão de São Paulo ao norte, na divisa com o Rio de Janeiro e Minas Gerais, oferece uma maravilhosa paisagem montanhosa a 1950 m de altitude: a Serra da Mantiqueira. O ponto culminante da formação rochosa é a Pedra do Baú com 300 m acima do nível do mar. É aqui que os montanhistas testam a si mesmos nas cordas.

Pedra do Baú
Het achterland van São Paulo in het noorden, grenzend aan Rio de Janeiro en Minas Gerais, biedt een prachtig berglandschap op 1950 m hoogte: de Serra da Mantiqueira. De rotsformatie van Pedra do Baú steekt 300 m omhoog. Hier zijn bergbeklimmers aan touwen actief.

Rio Itamambuca
Itamambuca River

Serra do Mar

Serra do Mar ("mountains by the sea") describes the beautiful landscape of the wooded mountain range, which leads in steep cascades from the high plateau to the coast. The Atlantic rainforest extends over large parts of the coast between São Paulo and Rio de Janeiro. The natural park of the same name includes the rainforest, the mangroves and the beaches.

Serra do Mar

Le toponyme Serra do Mar (« la montagne de la mer ») désigne un magnifique paysage de chaîne montagneuse couverte de forêt, qui se déploie en cascades abruptes depuis les hauts plateaux jusqu'à la côte. La forêt humide atlantique peuple de vastes zones de la portion côtière entre São Paulo et Rio de Janeiro. Le parc naturel homonyme regroupe forêt humide, mangroves et plages.

Serra do Mar

Serra do Mar („Gebirge am Meer") bezeichnet die wunderschöne Landschaft der bewaldeten Bergkette, die in steilen Kaskaden vom Hochplateau bis an die Küste führt. Der atlantische Regenwald erstreckt sich über weite Teile des Küstenabschnitts zwischen São Paulo und Rio de Janeiro. Der gleichnamige Naturpark umfasst den Regenwald, die Mangroven und die Strände.

Serra do Mar

Serra do Mar describe el hermoso paisaje de la cordillera boscosa, que conduce en empinadas cascadas desde el altiplano hasta la costa. La selva tropical atlántica se extiende sobre gran parte de la costa entre São Paulo y Río de Janeiro. El parque natural del mismo nombre incluye la selva tropical, los manglares y las playas.

Serra do Mar

A Serra do Mar ("montanhas à beira-mar") refere-se à bela paisagem da serra arborizada, que conduz em cascatas íngremes desde o planalto até à costa. A Mata Atlântica se estende por grandes partes da costa entre São Paulo e Rio de Janeiro. O parque natural de mesmo nome inclui a floresta tropical, os manguezais e as praias.

Serra do Mar

Serra do Mar ("Gebergte aan zee") beschrijft het prachtige landschap van het beboste gebergte dat in steile cascades van de hoogvlakte naar de kust leidt. Het Atlantische regenwoud strekt zich uit over grote delen van de kustgebieden tussen São Paulo en Rio de Janeiro. Het gelijknamige natuurpark omvat het regenwoud, de mangroven en de strande

Rio de Janeiro

Praia da Gorda, Armação dos Búzios
Gorda Beach, Armação dos Búzios

Costa do Sol

Rio de Janeiro
The long coast to the west and east of the capital Rio de Janeiro attracts with its dreamlike landscape of bays, islands and rainforest. A subtropical climate prevails at the coast. In the hinterland green hills and steep mountain ranges dominate the picture. In this region it is correspondingly cooler.

Rio de Janeiro
La longue côte bordant à l'ouest et à l'est la capitale fédérale Rio de Janeiro offre un paysage idyllique composé de baies, d'îles et de forêts humides. Il y règne un climat subtropical. À l'intérieur des terres, collines verdoyantes et chaînes de montagnes escarpées dominent le paysage et instaurent naturellement des températures plus fraîches.

Rio de Janeiro
Die lange Küste westlich und östlich der Hauptstadt Rio de Janeiro lockt mit traumhafter Landschaft aus Buchten, Inseln und Regenwald. Ein subtropisches Klima herrscht an der Küste. Im Hinterland bestimmen grüne Hügel und steile Gebirgsketten das Bild. In dieser Region ist es entsprechend kühler.

Río de Janeiro
La larga costa al oeste y al este de la capital Río de Janeiro atrae con su paisaje onírico de bahías, islas y selva tropical. En la costa prevalece un clima subtropical. En el interior, las verdes colinas y las escarpadas cadenas montañosas dominan la imagen. Esta región es relativamente más fresca.

Rio de Janeiro
A longa costa a oeste e a leste da capital Rio de Janeiro atrai com belas paisagens de baías, ilhas e florestas tropicais. Um clima subtropical prevalece na costa. No interior, colinas verdes e montanhas íngremes dominam o panorama. Nesta região o clima é mais fresco.

Rio de Janeiro
De lange kust ten westen en oosten van de hoofdstad Rio de Janeiro lokt met een fantastisch landschap van baaien, eilanden en regenwouden. Aan de kust heerst een subtropisch klimaat. In het achterland bepalen groene heuvels en steile bergketens het beeld. In deze regio is het navenant koeler.

Serrinha do Alambari

Parque Estadual da Costa do Sol
Costa Do Sol State Park

Ilha Grande

Ilha Grande
On the Costa Verde, the lush vegetation extends all the way to the beach. The Ilha Grande can be reached by boat from Angra dos Reis. The car-free, former pirate and then prison island is a holiday paradise: Trekking paths, waterfalls, old ruins, small beach restaurants and the blue lagoon delight every visitor.

Ilha Grande
Sur la Costa Verde, la végétation luxuriante s'étend jusque sur la plage. L'Ilha Grande peut être rejointe en bateau à partir d'Angra dos Reis. Autrefois île de pirates, devenue prison, elle est aujourd'hui un paradis sans voiture, dédié aux vacances : chemins de randonnée, chutes d'eau, ruines, petits restaurants de plage et lagons azur, chacun y trouvera son compte.

Ilha Grande
An der Costa Verde reicht die üppige Vegetation bis an den Strand. Die Ilha Grande erreicht man von Angra dos Reis aus mit dem Boot. Die autofreie, ehemalige Piraten- und dann Gefängnisinsel ist ein Urlaubsparadies: Trekkingpfade, Wasserfälle, alte Ruinen, kleine Strandrestaurants und die blaue Lagune begeistern jeden Besucher.

Ilha Grande
En la Costa Verde, la exuberante vegetación se extiende hasta la playa. Se puede llegar a la Ilha Grande en barco desde Angra dos Reis. La isla libre de coches, antigua isla pirata y luego prisión, es un paraíso vacacional: caminos de senderismo, cascadas, ruinas antiguas, pequeños restaurantes de playa y la laguna azul inspiran a todos los visitantes.

Ilha Grande
Na Costa Verde, a exuberante vegetação estende-se até à praia. A Ilha Grande pode ser alcançada de barco a partir de Angra dos Reis. A ilha sem carro, antiga ilha de pirata e depois ilha de prisão é um paraíso para se passar as férias: caminhos de trekking, cachoeiras, ruínas antigas, pequenos restaurantes de praia e a lagoa azul inspiram todos os visitantes.

Ilha Grande
Aan de Costa Verde strekt de weelderige vegetatie zich uit tot aan het strand. De Ilha Grande is vanuit Angra dos Reis per boot te bereiken. Het autovrije, voormalige piraten- en vervolgens gevangeniseiland is een vakantieparadijs: wandelpaden, watervallen, oude ruïnes, kleine strandrestaurants en de blauwe lagune fascineren elke bezoeker.

Lagoa Azul, Ilha Grande
Blue Lagoon, Ilha Grande

Mata Atlântica, perto de Guapiaçu
Atlantic Forest, near Guapiaçu

Garças-branca-grande, Reserva Ecológica de Guapiaçu
Great egrets, Guapiaçu Ecological Reserve

Guapiaçu Ecological Reserve
The nature reserve in the Atlantic rainforest 80 km (50 mi) northwest of Rio de Janeiro is a Mecca for bird and nature lovers. In the mountainous region of Teresópolis, Europeans built country estates in the 19th century. In order to preserve these cultural monuments and the natural landscape, the Ecological Lodge was founded in 1996.

Réserve écologique de Guapiaçu
La réserve naturelle créée dans la forêt humide atlantique à 80 km au nord-ouest de Rio de Janeiro, est un eldorado pour les amoureux des oiseaux et de la nature. Au XIXe siècle, les Européens faisaient bâtir leur résidence de campagne dans la région montagneuse de Teresópolis. La réserve écologique fondée en 1996 a ainsi protégé ces monuments culturels et le paysage naturel.

Ökologische Reservat Guapiaçu
Ein Mekka für Vogel- und Naturfreunde ist das Naturreservat im atlantischen Regenwald 80 km nordwestlich von Rio de Janeiro. In der Bergregion von Teresópolis errichteten Europäer im 19. Jahrhundert Landsitze. Um diese Kulturdenkmäler und die Naturlandschaft zu bewahren, wurde 1996 die Ökolodge gegründet.

Reserva ecológica Guapiaçu
Una meca para los amantes de las aves y la naturaleza es la reserva natural en la selva tropical atlántica a 80 km al noroeste de Río de Janeiro. En la región montañosa de Teresópolis, los europeos construyeron fincas en el siglo XIX. Con el fin de preservar estos monumentos culturales y el paisaje natural, se fundó en 1996 el Refugio Ecológico.

Reserva Ecológica de Guapiaçu
Uma Meca para os amantes das aves e da natureza é a reserva natural na Mata Atlântica, 80 km a noroeste do Rio de Janeiro. Na região montanhosa de Teresópolis, os europeus construíram no século XIX propriedades rurais. A fim de preservar estes monumentos culturais e a paisagem natural, a reserva ecológica (Regua) foi fundada em 1996.

Ecologisch reservaat Guapiaçu
Een mekka voor vogel- en natuurvrienden is het natuurreservaat in het Atlantische regenwoud 80 km ten noordwesten van Rio de Janeiro. In het bergachtige gebied van Teresópolis bouwden de Europeanen in de 19e eeuw buitenverblijven. Om deze cultuurmonumenten en het natuurlijke landschap te behouden, werd in 1996 de ecologische lodge in het leven geroepen.

Tucano-de-bico-verde
Green-billed toucan

Paraty

Paraty

Paraty

Paraty
In the westernmost part of the state lies the colonial town of Paraty. The name comes from the Tamoio Indians and refers to a large fish. The fishing village has been under a preservation order since 1966. It attracted celebrities like Mick Jagger. In the 18th century the Portuguese shipped gold and precious stones from Minas Gerais from here to Portugal.

Paraty
La petite ville coloniale de Paraty est située dans la partie occidentale de l'État. Son nom provient des Indiens Tamoio et désigne un gros poisson. Ce village de pêcheur classé monument historique depuis 1966, a même séduit des célébrités, dont Mick Jagger. Au XVIIIe siècle, il servait de port d'embarquement aux Portugais pour ramener l'or et les pierres précieuses de la région de Minas Gerais.

Paraty
Im westlichsten Teil des Bundesstaats liegt das Kolonialstädtchen Paraty. Der Name stammt von den Tamoio-Indianern und bezeichnet einen großen Fisch. Das Fischerdorf steht seit 1966 unter Denkmalschutz. Es lockte Celebrities wie Mick Jagger an. Im 18. Jahrhundert verschifften die Portugiesen Gold und Edelsteine aus Minas Gerais von hier nach Portugal.

Paraty
En la parte más occidental del estado se encuentra la ciudad colonial de Paraty. El nombre proviene de los indios Tamoio y hace referencia a un pez grande. El pueblo de pescadores ha estado bajo una orden de preservación desde 1966. Atrajo a celebridades como Mick Jagger. En el siglo XVIII los portugueses enviaron oro y piedras preciosas desde Minas Gerais a Portugal.

Paraty
Na parte mais ocidental do estado do Rio de Janeiro fica a cidade colonial de Paraty. O nome vem dos índios Tamoios e se refere a um grande peixe. A vila de pescadores foi tombada como Patrimônio Histórico em 1966. Já atraiu celebridades como Mick Jagger. No século XVIII, os portugueses enviavam daqui ouro e pedras preciosas de Minas Gerais para Portugal.

Paraty
In het westelijke deel van de deelstaat ligt het koloniale stadje Paraty. De naam komt van de Tamoio-indianen en verwijst naar een grote vis. Het vissersdorp valt sinds 1966 onder monumentenzorg. Het trok beroemdheden als Mick Jagger aan. In de 18e eeuw verscheepten de Portugezen goud en edelstenen vanuit Minas Gerais naar Portugal.

Barraca de frutas
Street stall

Exotic fruits
Already in the travel descriptions of the 18th and 19th centuries exotic fruits and their variety of tastes played an important role. The Portuguese imported mangoes, bananas and sugar cane from India, and the coconut palm from Africa. Umbus, Cajás and Graviolas grow in the northeast. Like the Amazon fruits Mucuri and Babaçu, they are hardly known in the south.

Fruits exotiques
Les fruits exotiques et la variété de leurs goûts étaient déjà abondamment évoqués dans les récits de voyage des XVIIIe et XIXe siècles. Les Portugais importaient mangues, bananes et canne à sucre des Indes et noix de coco d'Afrique. Les imbus, les cajás et les graviolas (corossol) poussent dans le nord-est et sont quasiment inconnus dans le sud, tout comme les fruits amazoniens mucuri et babaçu.

Exotische Früchte
Schon in den Reisebeschreibungen des 18. und 19. Jahrhunderts spielen exotische Früchte und ihre Geschmacksvielfalt eine große Rolle. Mangos, Bananen und Zuckerrohr führten die Portugiesen aus Indien ein, die Kokospalme aus Afrika. Umbus, Cajás und Graviolas wachsen im Nordosten. Sie sind wie die Amazonasfrüchte Mucuri und Babaçu im Süden kaum bekannt.

Frutas exóticas
Las frutas exóticas y su variedad de sabores ya desempeñaban un papel importante en las descripciones de viaje de los siglos XVIII y XIX. Los portugueses importaron mangos, plátanos y caña de azúcar de la India, y la palma de coco de África. En el noreste crecen umbús, cajás y graviolas que, igual que ocurre con las frutas amazónicas mucuri y babaçu, son poco conocidas en el sur.

Frutas exóticas
Já nas descrições de viagem dos séculos XVIII e XIX as frutas exóticas e a sua variedade de sabores desempenhavam um papel importante. Os portugueses importaram mangas, bananas e cana-de-açúcar da Índia, o coqueiro da África. Umbus,cajás e graviolas crescem no nordeste. Assim como as frutas amazônicas mucuri e babaçu, elas são pouco conhecidas no sul do país.

Exotische vruchten
Al in de reisbeschrijvingen van de 18e en 19e eeuw spelen exotische vruchten en hun verscheidenheid aan smaken een belangrijke rol. De Portugezen importeerden mango's, bananen en suikerriet uit India, de kokospalm uit Afrika. Umbus, cajás en graviolas groeien in het noordoosten. Net als de Amazonevruchten mucuri en babaçu zijn ze in het zuiden nauwelijks bekend.

Jaca
Jackfruit

Fruits

1 Green coconuts, Noix de coco vertes, Grüne Kokosnüsse, Cocos verdes, Groene kokosnoten

2 Peanut Butter fruit, Bunchosie des Andes (Bunchosia armeniaca), Erdnussbutterfrucht, Ciruelo del monte, Manteiga-de-amendoim, Pindakaasvruchten (Bunchosia argentea)

3 Manioc, Manioc, Maniok, Yuca, Mandioca, Cassave

4 Wild pineapple, Ananas sauvage, Wilde Ananas, Piña silvestre, Ananás-selvagem, Wilde ananas

5 Passion fruit, Maracujas (fruits de la passion), Maracujas, Maracuyá, Maracujás, Gele passievrucht

6 Wild Sweetsop, Abriba, Schleimapfel, Anón amazónico, Biribá, Slijmappel

7 Various fruits, Étal de fruits divers, verschiedene Früchte, frutas diversas, frutos diversos, diverse vruchten

8 Red bananas, Bananes rouges, Rote Bananen, Plátanos rojos, Bananas vermelhas, Rode bananen

9 Yellow bananas, Bananes jaunes, Gelbe Bananen, Plátanos amarillos, Bananas amarelas, Gele bananen

10 Custard apples, Attiers (ou pommes-cannelles), Zimtäpfel, Manzanas con canela, Fruta-do-conde

11 Papayas, Papayes, Mamão, Papaja's

12 Guarana, Guaraná

1

2

3

4

5

6

7

8

9

10

11

12

Barra de Guaratiba

Ilha da Queimada Grande

Snake island

Ilha de Queimada Grande, 33 km (20 mi) off the south-east coast, is also known as the "snake island" or "island of death". It was once regarded as the place with the highest density of poisonous snakes. The endemic island lance viper is one of the most poisonous snakes in the world. That is why entering the island has been strictly forbidden for over 30 years.

L'île aux serpents

L'Ilha da Queimada Grande, située à 33 km de la côte sud-est est également surnommée « l'île aux serpents » ou « l'île de la mort », car elle abrite la plus dense population de serpents de la planète. Les variétés fer de lance endémiques produisent un venin parmi les plus puissants du monde. L'accès à l'île est pour cette raison interdit depuis plus de 30 ans.

Schlangeninsel

Die 33 km vor der Südostküste gelegene Ilha de Queimada Grande wird auch als „Schlangeninsel" oder „Insel des Todes" bezeichnet. Denn sie galt einst als Platz mit der höchsten Giftschlangendichte. Die endemische Insel-Lanzenotter gehört zu den giftigsten Schlangen der Welt. Deshalb ist das Betreten der Insel seit über 30 Jahren streng verboten.

Isla de las serpientes

Ilha de Queimada Grande, a 33 km de la costa sureste, es también conocida como la «isla de las serpientes» o «isla de la muerte». Antiguamente se consideraba el lugar con la mayor densidad de serpientes venenosas. La serpiente terciopelo endémica es una de las serpientes más venenosas del mundo, motivo por el cual la entrada a la isla está estrictamente prohibida desde hace más de 30 años.

Ilha das cobras

A Ilha de Queimada Grande, a 33 km da costa sudeste, é também conhecida como "Ilha da Cobra" ou "Ilha da Morte". Porque já foi considerado como um lugar com a maior densidade de cobras venenosas. A víbora endémica "jararaca-ilhoa" é uma das cobras mais venenosas do mundo. É por isso que entrar na ilha tem sido estritamente proibido há mais de 30 anos.

Slangeneiland

Het op 33 km voor de kust gelegen Ilha de Queimada Grande wordt ook "slangeneiland" of "eiland van de dood" genoemd, want het was ooit de plek met de hoogste dichtheid aan giftige slangen. De endemische eilandlanspuntslang is een van de giftigste slangen ter wereld. Daarom is het al meer dan 30 jaar ten strengste verboden het eiland te betreden.

Cobra Azulão-boia
Parrot snake

Morro de Guaratiba

Rio de Janeiro City

Rio de Janeiro

Forte de Copacabana, Ipanema
Fort Copacabana, Ipanema

Cristo Redentor, Pão de Açúcar
Christ the Redeemer, Sugarloaf Mountain

Rio de Janeiro City
The landmark of Rio de Janeiro is the sugar loaf. Since 1912, the Sugar Loaf Railway has brought visitors to the 396 m (1,299 ft) high granite rocks in Guanabara Bay. The settlement of São Sebastião de Rio de Janeiro was founded in 1565. It was not until 1763 that the Portuguese crown moved the capital from Salvador to Rio de Janeiro, where today 8 million people live.

La ville de Rio de Janeiro
L'emblème de Rio de Janeiro est le Pain de Sucre. Depuis 1912, le téléphérique homonyme conduit les visiteurs au sommet du piton granitique de 396 m dans la baie de Guanabara. La colonie São Sebastião de Rio de Janeiro fut fondée dès 1565, mais c'est en 1763 que la couronne portugaise déménageât la capitale de la colonie, de Salvador à Rio de Janeiro. Aujourd'hui, 8 millions de personnes vivent à Rio.

Rio de Janeiro Stadt
Das Wahrzeichen von Rio de Janeiro ist der Zuckerhut. Seit 1912 bringt die Zuckerhutbahn Besucher auf den 396 m hohen Granitfelsen in der Guanabara-Bucht. Die Siedlung São Sebastião de Rio de Janeiro wurde bereits 1565 gegründet. Erst 1763 verlegte die portugiesische Krone die Hauptstadt von Salvador nach Rio de Janeiro, wo heute 8 Millionen Menschen leben.

Ciudad de Río de Janeiro
El símbolo de Río de Janeiro es el Pan de Azúcar. Desde 1912, el ferrocarril del Pan de Azúcar ha traído visitantes a las rocas de granito de 396 m de altura en la bahía de Guanabara. El asentamiento de São Sebastião de Río de Janeiro fue fundado en 1565. No fue hasta 1763 que la corona portuguesa trasladó la capital de Salvador a Río de Janeiro, donde hoy viven 8 millones de personas.

Cidade do Rio de Janeiro
O marco do Rio de Janeiro é o Pão de Açúcar. Desde 1912, a Ferrovia do Pão de Açúcar vem levando visitantes às rochas graníticas de 396 m de altura na Baía de Guanabara. O assentamento de São Sebastião do Rio de Janeiro foi fundado em 1565. Só em 1763 é que a coroa portuguesa transferiu a capital de Salvador para o Rio de Janeiro, onde hoje vivem 8 milhões de pessoas.

Rio de Janeiro city
Het herkenningspunt van Rio de Janeiro is de Suikerbroodberg. Sinds 1912 brengt de Suikerbroodkabelbaan bezoekers naar de 396 m hoge granieten rotsen in de Baai van Guanabara. De nederzetting São Sebastião de Rio de Janeiro werd al in 1565 gesticht. Pas in 1763 verhuisde de Portugese kroon de hoofdstad van Salvador naar Rio de Janeiro, waar nu acht miljoen mensen wonen.

Ipanema

Teleférico do Pão de Açúcar
Sugarloaf Cable Car

Corcovado, Botafogo

Corcovado
The second landmark of the city is the Corcovado, "the hunchback": a mountain massif at an altitude of 704 m (2,310 ft). The Cristo Redentor, Christ the Redeemer, is enthroned on it. It is 38 m (125 ft) high and was created in 1931 by a French artist. A mountain railway leads through the tropical forest to the foot of the statue. From the very top, the panoramic view is almost overwhelming.

Corcovado
Le second symbole de la ville est le Corcovado (le bossu), massif montagneux de 704 m. À son sommet trône le Christ rédempteur, *Cristo Redentor*. Érigé par un sculpteur français en 1931, il mesure 38 m. Un funiculaire mène au pied de la statue, à travers la forêt tropicale. L'arrivée offre une vue panoramique absolument grandiose sur la ville.

Corcovado
Das zweite Wahrzeichen der Stadt ist der Corcovado, „der Bucklige": ein Bergmassiv auf 704 m Höhe. Auf ihm thront der Cristo Redentor, Christus, der Erlöser. Er ist 38 m hoch und wurde 1931 von einem französischen Künstler geschaffen. Eine Bergbahn führt durch den tropischen Wald zum Fuß der Statue. Von ganz oben ist der Panoramablick schier überwältigend.

Corcovado
El segundo punto de referencia de la ciudad es el Corcovado, «el jorobado»: un macizo montañoso a 704 m de altitud. El Cristo Redentor está entronizado en él. Tiene 38 m de altura y fue creado en 1931 por un artista francés. Un tren de montaña conduce a través de la selva tropical hasta el pie de la estatua. Desde lo alto, la vista panorámica es casi abrumadora.

Corcovado
O segundo marco da cidade é o Corcovado, "o corcunda": um maciço montanhoso de 704 m de altitude. Em cima deste morro encontra-se "O Cristo Redentor", o Cristo. A imagem tem 38 m de altura e foi criada em 1931 por um artista francês. Uma ferrovia de montanha leva através da floresta tropical até o pé da estátua. Do alto, a vista panorâmica é impressionante.

Corcovado
Het tweede karakteristieke symbool van de stad is de Corcovado, "de gebochelde": een bergmassief op 704 m hoogte. Hierop troont de Cristo Redentor, Christus de Verlosser. Hij is 38 m hoog en werd in 1931 door een Franse kunstenaar gemaakt. Een bergspoorweg leidt door het tropische woud naar de voet van het standbeeld. Vanaf de top is het panoramische uitzicht bijna overweldigend.

Cristo Redentor, Corcovado
Christ the Redeemer, Corcovado

Lagoa Rodrigo de Freitas, Botafogo

Ipanema, Leblon

Ipanema and Leblon
The beaches of the southern zone, Ipanema and Leblon are the most beautiful in the city. Also because they reveal a magnificent view of the mountains, the rock formation of the Dois Irmãos ("Two Brothers"). They extend from the Arpoador, a group of rocks in the sea, to the Mirante, a vantage point. The surf here is sometimes very strong. Small restaurants and bars in the beach district spoil their guests. In one the composer Tom Jobim wrote his famous song "Garota de Ipanema" ("The Girl From Ipanema"). The beaches are divided into sections and young people and celebrities meet at Posto 9.

Ipanema et Leblon
Les plages de la zone sud de la ville, Ipanema et Leblon, sont les plus belles de la ville. Elles offrent en outre une vue magnifique sur la formation rocheuse Morro Dois Irmãos (« colline des deux frères »). Elles sont encadrées par l'Arpoador, promontoire rocheux dans la mer, et le Mirante, joli point de vue où le ressac est parfois très violent. De petits restaurants et bars chouchoutent leurs clients dans le quartier des plages. C'est dans l'un d'eux que le compositeur Tom Jobim écrivit sa célèbre chanson *Garota de Ipanema (The girl from Ipanema)*. Les plages sont divisées en tronçons, au Posto 9 se réunissent la jeunesse et les célébrités.

Ipanema und Leblon
Die Strände der Südzone, Ipanema und Leblon sind die schönsten der Stadt. Auch weil sie einen herrlichen Blick auf die Berge, die Felsformation der Dois Irmãos („Zwei Brüder") offenbaren. Sie erstrecken sich vom Arpoador, einer Felsgruppe im Meer, bis zum Mirante, einem Aussichtspunkt. Die Brandung ist hier teils sehr stark. Kleine Restaurants und Bars im Strandviertel verwöhnen ihre Gäste. In einem schrieb der Komponist Tom Jobim sein berühmtes Lied „Garota de Ipanema" („Das Mädchen von Ipanema"). Die Strände sind nach Abschnitten eingeteilt, am Posto 9 treffen sich junge Leute und Prominenz.

Ipanema y Leblon

Las playas de la zona sur, Ipanema y Leblon son las más bellas de la ciudad. También porque revelan una magnífica vista de las montañas, la formación rocosa del Dois Irmãos («Dos Hermanos»). Se extienden desde el Arpoador, un grupo de rocas en el mar, hasta el Mirante, un mirador. El oleaje aquí es a veces muy fuerte. Pequeños restaurantes y bares en el distrito de la playa miman a sus huéspedes. En uno de ellas el compositor Tom Jobim escribió su famosa canción «Garota de Ipanema» («La chica de Ipanema»). Las playas están divididas en secciones, y en el Posto 9 se reúnen jóvenes y famosos.

Ipanema e Leblon

As praias da zona sul, Ipanema e Leblon, são as mais bonitas da cidade. Também porque revelam uma vista magnífica das montanhas, a formação rochosa dos "Dois Irmãos". Eles se estendem desde o Arpoador, um grupo de rochas no mar, até um mirante, o Mirante do Arpoador. O movimento das ondas aqui é em parte muito forte. Pequenos restaurantes e bares na zona da praia oferecem ótimo tratamento aos seus hóspedes. Em um deles o compositor Tom Jobim escreveu sua famosa música "Garota de Ipanema". As praias são divididas em seções, jovens e celebridades se encontram no Posto 9.

Ipanema en Leblon

De stranden in de zuidelijke zone, Ipanema en Leblon, zijn de mooiste van de stad. Dat komt mede door het prachtige uitzicht op de bergen, de rotsformatie Dois Irmãos ("Twee Broeders"). Ze strekken zich uit van de Arpoador, een rotsengroep in de zee, tot de Mirante, een uitkijkpunt. De branding is hier soms zeer sterk. Kleine restaurants en bars in de strandwijk verwennen hun gasten. In één daarvan schreef de componist Tom Jobim zijn beroemde lied "Garota de Ipanema" ("Het meisje van Ipanema"). De stranden zijn verdeeld in sectoren, bij posto 9 ontmoeten jongeren en beroemdheden elkaar.

Copacabana

Copacabana
Within the southern zone the Copacabana is the most famous beach district. It only became accessible and famous after the construction of the Hotel Copacabana Palace in 1923. A promenade with bars and restaurants was built along the new beaches. Since the 1950s, the image has been shaped by a lively music and dance atmosphere with Bossa Nova music. Today, the Copa is still the biggest attraction. At the end of the beach is the Forte de Copacabana. The fortress was built in 1914 and can be visited. At the beach in front of the fort there are still some fishermen with small boats.

Copacabana
Dans la zone sud, Copacabana est le plus célèbre quartier des plages. Il fut mis en valeur et acquit ses lettres de noblesse en 1923, après la construction de l'hôtel Copacabana Palace. Une promenade dotée de bars et de restaurants fut aménagée le long des nouvelles plages. Depuis les années 1950, le site jouit d'une image vivante baignée de musique et de danse et notamment de bossa nova. Aujourd'hui encore, « Copa » reste un quartier très animé. À l'extrémité de la plage, Forte de Copacabana, forteresse bâtie en 1914, peut être visitée. La plage juste devant accueille toujours quelques pêcheurs avec de petites embarcations.

Copacabana
Innerhalb der Südzone ist die Copacabana das berühmteste Strandviertel. Sie wurde erst nach dem Bau des Hotels Copacabana Palace 1923 erschlossen und bekannt. Entlang der neuen Strände entstand eine Promenade mit Bars und Restaurants. Ein reges Musik- und Tanzleben prägte mit der Bossa-Nova-Musik seit den 1950er Jahren das Image. Auch heute ist an der Copa der größte Wirbel. Am Ende des Strands liegt das Forte de Copacabana. Die Festung wurde 1914 errichtet und kann besichtigt werden. Am Strand vor dem Fort gibt es noch einige Fischer mit kleinen Booten.

Praia de Ipanema
Ipanema Beach

Copacabana
Dentro de la zona sur, Copacabana es el distrito de playas más famoso. Solo se hizo accesible y famoso después de la construcción del Hotel Copacabana Palace en 1923. A lo largo de las nuevas playas se construyó un paseo con bares y restaurantes. Desde la década de 1950, la imagen ha sido moldeada por una animada vida musical y de baile con la música de la Bossa Nova. Hoy en día, la Copa sigue siendo la mayor atracción. Al final de la playa se encuentra el Forte de Copacabana, que fue construido en 1914 y puede visitarse. En la playa frente al fuerte todavía hay algunos pescadores con pequeñas embarcaciones.

Copacabana
Na zona sul, o bairro de Copacabana é a área de praia mais famosa. Só ficou acessível e famoso após a construção do Hotel Copacabana Palace em 1923. Um calçadão com bares e restaurantes foi construído ao longo das novas praias. Desde a década de 1950, a imagem tem sido moldada por uma animada vida musical e dançante com música de Bossa Nova. Ainda hoje encontra-se em Copacabana grande agitação. No final da praia fica o Forte de Copacabana. A fortaleza foi construída em 1914 e pode ser visitada. Na praia em frente ao forte ainda há alguns pescadores com pequenos barcos.

Copacabana
Binnen de zuidelijke zone is de Copacabana het bekendste strandgebied. Het werd pas na de bouw van het Hotel Copacabana Palace in 1923 toegankelijk gemaakt en bekend. Langs de nieuwe stranden ontstond een promenade met bars en restaurants. Sinds de jaren vijftig werd het beeld gevormd door een levendig muziek- en dansleven met bossanova muziek. Vandaag de dag is de Copa nog steeds de grootste attractie. Aan het einde van het strand ligt het Forte de Copacabana. De vesting werd in 1914 gebouwd en kan worden bezocht. Op het strand voor het fort zijn nog enkele vissers met kleine bootjes.

Beach life

Beach culture occupies a special place for the Cariocas, the inhabitants of Rio de Janeiro. The beach is the elixir of life and determines the modern lifestyle. As a convivial place for sports and body cult, strolling, eating and drinking, it is the basis for a sense of community and life. Beach life did not emerge until the end of the 1920s and the beginning of the 1930s. Before that, bathing in the sea and sunbathing were considered medical measures.

Plagistes

La culture de la plage occupe une place particulière pour les Cariocas, les habitants de Rio de Janeiro. La plage agit comme un élixir de vie et définit le mode de vie moderne. Site convivial pour pratiquer le sport ou le culte du corps, on y vient également flâner, boire un verre ou se restaurer ; elle est à la base du sens de la communauté et de la joie de vivre des locaux. La culture de la plage naquit à la fin des années 1920 ; auparavant, les bains de mer et de soleil étaient uniquement pratiqués sur avis médical.

Strandleben

Die Strandkultur nimmt für die Cariocas, die Bewohner Rio de Janeiros, einen besonderen Platz ein. Der Strand ist Lebenselixier und bestimmt den modernen Lebensstil. Als geselliger Ort für Sport und Körperkult, Flaniermeile, Essen und Trinken ist er die Basis für das Gemeinschafts- und Lebensgefühl. Erst Ende der 1920er, Anfang der 1930er Jahre kam das Strandleben auf, vorher galt Baden im Meer und Sonnenbaden als medizinische Maßnahme.

Vida playera

La cultura de la playa ocupa un lugar especial para los cariocas, los habitantes de Río de Janeiro. La playa es el elixir de la vida y determina el estilo de vida moderno. Como lugar de convivencia para el deporte y el culto al cuerpo, pasear, comer y beber, es la base de un sentido de comunidad y de vida. La vida en la playa no surgió hasta finales de los años 20 y principios de los 30. Antes de eso, bañarse en el mar y tomar el sol se consideraban medidas médicas.

Vida na praia

A cultura da praia ocupa um lugar especial na vida dos cariocas, os habitantes do Rio de Janeiro. A praia é o elixir da vida e determina o estilo de vida moderno. Como lugar de convívio para o desporto e o culto do corpo, passear, comer e beber, é a base de um sentido de comunidade e de vida. A vida na praia veio à tona no final da década de 1920 e no início da década de 1930. Antes disso, banhos de mar e banhos de sol eram considerados medidas médicas.

Strandleven

Voor de Cariocas, de inwoners van Rio de Janeiro, neemt de strandcultuur een bijzondere plaats in. Het strand is het levenselixer en bepaalt de moderne levensstijl. Als een gezellige plek voor sport en lichaamscultus, flaneren, eten en drinken, is het de basis voor het gemeenschaps- en levensgevoel. Pas aan het eind van de jaren twintig en begin van de jaren dertig van de vorige eeuw kwam het strandleven in zwang. Daarvoor werden zwemmen in zee en zonnebaden als medische maatregelen beschouwd.

Praia de Ipanema
Ipanema Beach

Avenida Atlantica
The pavement of the sidewalk on the wide Avenida Atlantica in Copacabana shows a pretty black and white pattern. It is a tribute to the mother country Portugal. In Lisbon, the mosaic symbolizes the meeting of the Tejo river with the sea. In Rio, the shape of the sea wave was chosen.

Avenida Atlântica
Le revêtement du trottoir de l'avenue du front de mer, Avenida Atlântica, à Copacabana, dessine de beaux motifs noirs et blancs et rend ainsi hommage à la mosaïque portugaise. À Lisbonne, elle symbolise la rencontre entre le fleuve Tage et l'océan. Rio a choisi un décor de vagues.

Avenida Atlantica
Das Pflaster des Bürgersteigs auf der breiten Uferstraße Avenida Atlantica in Copacabana zeigt ein hübsches schwarz-weißes Muster. Es ist eine Hommage an das Mutterland Portugal. In Lissabon symbolisiert das Mosaik das Zusammentreffen vom Tejo-Fluss mit dem Meer. In Rio wählte man die Form der Meereswelle.

Avenida Atlántica
El pavimento de la acera de la amplia Avenida Atlântica de Copacabana presenta un bonito dibujo en blanco y negro. Es un homenaje a la madre patria Portugal. En Lisboa, el mosaico simboliza el encuentro del río Tajo con el mar. En Río, se eligió la forma de la ola del mar.

Avenida Atlântica
O calçadão da calçada na ampla Avenida Atlântica em Copacabana mostra um bonito desenho em preto e branco. É uma homenagem à pátria Portugal. Em Lisboa, o mosaico simboliza o encontro do rio Tejo com o mar. No Rio foi escolhida a forma da onda do mar.

Avenida Atlantica
De bestrating van de stoep op de brede oeverweg Avenida Atlantica in Copacabana vertoont een mooi zwart-wit patroon. Het is een eerbetoon aan het moederland Portugal. In Lissabon symboliseert het mozaïek de ontmoeting van de Tejo rivier met de zee. In Rio is gekozen voor de vorm van de zeegolf.

Avenida Atlantica, Copacabana

Campo de São Bento, Icaraí, Niterói
St. Benedict's Park, Icaraí, Niterói

Niterói
A worthwhile excursion is the neighboring town of Niterói on the other side of Guanabara Bay. In the noble quarter Icaraí the beach presents a wonderful view of Rio de Janeiro. The botanical garden of Rio de Janeiro forms an oasis. Its venerable 200-year-old royal palm avenue and large collection of orchids and bromeliads are well worth a visit.

Niterói
Une excursion dans la ville voisine de Niterói, de l'autre côté de la baie de Guanabara, vaut le détour. Dans le quartier chic d'Icaraí, la plage mène jusqu'à un point de vue magnifique sur Rio de Janeiro, dont le jardin botanique compose une oasis dans la ville. Son éminente allée des palmiers royaux, âgés de deux siècles, et son importante collection d'orchidées et de bromélias méritent une visite.

Niterói
Ein lohnender Ausflug ist die Nachbarstadt Niterói auf der anderen Seite der Guanabarabucht. Im Nobelviertel Icaraí lädt der Strand zu einem wunderbaren Blick auf Rio de Janeiro ein. Eine Oase bildet der botanische Garten Rio de Janeiros. Seine ehrwürdige 200 Jahre alte Königspalmenallee und große Orchideen- und Bromeliensammlung lohnen den Besuch.

Niterói
Una excursión que vale la pena es a la vecina ciudad de Niterói, al otro lado de la bahía de Guanabara. En el barrio noble de Icaraí, la playa invita a una vista maravillosa de Río de Janeiro. El jardín botánico de Río de Janeiro forma un oasis. Su venerable avenida de palmeras reales de 200 años de antigüedad y su gran colección de orquídeas y bromelias bien merecen una visita.

Niterói
Uma excursão interessante é a ida à cidade vizinha de Niterói, do outro lado da Baía de Guanabara. No bairro nobre de Icaraí a praia convida a uma vista maravilhosa do Rio de Janeiro. Um oásis é o Jardim Botânico do Rio de Janeiro. Sua venerável avenida real de 200 anos e sua grande coleção de orquídeas e bromélias merecem uma visita.

Niterói
Een excursie naar de buurstad Niterói aan de andere kant van de baai van Guanabara is de moeite waard. In de chique wijk Icaraí nodigt het strand uit tot een prachtig uitzicht op Rio de Janeiro. Een oase vormt de botanische tuin van Rio de Janeiro. Zijn 200 jaar oude allee met koningspalmen en de grote collectie orchideeën en bromelia's zijn een bezoek meer dan waard.

Jardim Botânico do Rio de Janeiro
Rio de Janeiro Botanical Garden

Escadaria Selarón
Selaron Steps

SELARON
JANEIRO

Escadaria Selarón
Selaron Steps

An artist's staircase
In the legendary Bohème district of Lapa, near Santa Teresa, the Chilean artist Jorge Selaron launched an artistic street project on the occasion of Brazil's 500th anniversary: To decorate the stairs to the hill of Santa Teresa with tiles from all over the world.

Escalier d'artiste
Dans le légendaire quartier bohème de Lapa, situé non loin de Santa Teresa, l'artiste Jorge Selarón, originaire du Chili, a imaginé un projet urbain artistique à l'occasion du demi-millénaire du Brésil : il a recouvert les escaliers gravissant la colline de Santa Teresa de carreaux du monde entier.

Eine Künstler-Treppe
Im legendären Bohème-Viertel Lapa in Nachbarschaft zu Santa Teresa hat der aus Chile stammende Künstler Jorge Selarón anlässlich der 500-Jahrfeier Brasiliens ein künstlerisches Straßenprojekt aus der Taufe gehoben: die Treppenstufen auf den Hügel von Santa Teresa mit Kacheln aus aller Welt zu verschönern.

Una escalera de artista
En el legendario barrio Bohème de Lapa, cerca de Santa Teresa, el artista chileno Jorge Selarón ha lanzado un proyecto artístico de calle con motivo del 500 aniversario de Brasil: embellecer las escaleras del cerro de Santa Teresa con azulejos de todo el mundo.

Uma escadaria de artista
No lendário bairro boêmio da Lapa, perto de Santa Teresa, o artista chileno Jorge Selarón lançou um projeto artístico de rua por ocasião do 500º aniversário do Brasil: embelezar as escadas do morro de Santa Teresa com azulejos de todo o mundo.

Een kunstenaarstrap
In de legendarische wijk Bohème in Lapa, in de buurt van Santa Teresa, heeft de Chileense kunstenaar Jorge Selarón ter gelegenheid van de 500e verjaardag van Brazilië een artistiek straatproject gelanceerd: het verfraaien van de trap naar de heuvel van Santa Teresa met tegels uit de hele wereld.

Escadaria Selarón
Selarón Steps

Aqueduto da Carioca
Carioca Aqueduct

Lapa arcades
In the 18th century, the Aqueduto do Carioca in the center of Rio de Janeiro served as a water pipeline. It supplied the city with water from the Carioca River. In 1869 the pipeline was no longer needed, so the arcades above the Lapa quarter were converted into a transport link. From the center, the tram goes up the viaduct to the Santa Teresa district in 15 minutes. In 2005 the line was completely renovated, but the ride with the bondinho, the small old wagons, has not lost its charm. Today, free riding, which the children of the neighborhood did with enthusiasm, is strictly forbidden.

Arches de Lapa
Au XVIIIe siècle, l'Aqueduto da Carioca fut bâti au centre de Rio de Janeiro pour alimenter la ville avec l'eau du fleuve Carioca. En 1869, l'aqueduc cessa d'être utilisé. On décida alors de détourner l'usage des arches qui enjambent le quartier de Lapa pour en faire une voie de circulation. Le tramway qui emprunte le viaduc relie en 15 minutes le centre-ville au quartier Santa Teresa. En 2005, la ligne a été entièrement rénovée, mais le trajet en *bondinho*, petit wagon ancien, n'a rien perdu de son charme. Aujourd'hui cependant, il est interdit de voyager gratuitement sur la plateforme, activité que pratiquaient pourtant avec passion les enfants du quartier.

Lapa-Arkaden
Im 18. Jahrhundert diente das Aqueduto do Carioca im Zentrum Rio de Janeiros als Wasserleitung. Sie versorgte die Stadt mit Wasser aus dem Carioca-Fluss. 1869 wurde die Leitung nicht mehr benötigt. So funktionierte man die Arkaden über dem Viertel Lapa um: Sie dienten als Verkehrsverbindung. Aus dem Zentrum fährt die Straßenbahn über das Viadukt in 15 Minuten hinauf in das Stadtviertel Santa Teresa. 2005 wurde die Strecke komplett saniert, doch die Fahrt mit der bondinho, den kleinen alten Waggons, hat an Charme nicht verloren. Heute ist kostenloses Trittbrettfahren, was die Kinder des Viertels mit Begeisterung machten, streng verboten.

Bonde de Santa Teresa
Santa Teresa Tram

Arcos de Lapa
En el siglo XVIII, el Aqueduto do Carioca, en el centro de Río de Janeiro, servía como tubería de agua. Abasteció a la ciudad con agua del río Carioca. En 1869 el gasoducto ya no era necesario, y los pórticos sobre el barrio de la Lapa se convirtieron: ahora servían de enlace de transporte. Desde el centro, el tranvía sube por el viaducto hasta el barrio de Santa Teresa en 15 minutos. En 2005 la línea se renovó por completo, pero el paseo con el bondinho, los pequeños vagones viejos, no ha perdido su encanto. Hoy en día, está estrictamente prohibido viajar en transporte público sin pagar, cosa que los niños del barrio solían hacer con entusiasmo.

Arcos da Lapa
No século XVIII, o Aqueduto do Carioca, no centro do Rio de Janeiro, serviu como canalização de água. Ele abastecia a cidade com água do Rio Carioca. Em 1869, o gasoduto já não era mais necessário. Foi assim que mudou-se a utilização das arcadas acima do bairro da Lapa: serviram então como uma ligação de transporte. A partir do centro, o eléctrico sobe o viaduto até ao distrito de Santa Teresa em 15 minutos. Em 2005 a linha foi completamente reformada, mas o passeio com o bondinho, os pequenos vagões antigos, não perdeu seu charme. Hoje, andar de graça pegando carona no bondinho é estritamente proibido, o que as crianças do bairro faziam com entusiasmo.

Lapa arcades
In de 18e eeuw deed het Aqueduto do Carioca in het centrum van Rio de Janeiro dienst als waterleiding. Het voorzag de stad van water uit de Carioca rivier. In 1869 was de pijpleiding niet meer nodig en werden de arcades boven de wijk Lapa omgebouwd: ze dienden als verkeersverbinding. Vanuit het centrum rijdt de tram in 15 minuten tijd over het viaduct naar de wijk Santa Teresa. In 2005 werd de lijn volledig gerenoveerd, maar de rit met de bondinho, de kleine oude wagons, heeft zijn charme niet verloren. Vandaag de dag is het gratis op de treeplank meerijden, wat de kinderen in de wijk met veel enthousiasme deden, ten strengste verboden.

Bonde de Santa Teresa
Santa Teresa Tram

Santa Teresa
To escape the hustle and bustle of the city and the heat, rich inhabitants built beautiful villas high above the city in the 19th century. As it became more attractive to live near the beach after the 1940s, Santa Teresa fell into disrepair. Until it was occupied and redesigned by artists and dropouts. Today it is a sought-after residential and nightlife area.

Santa Teresa
Pour échapper au tumulte de la ville et à la chaleur, les riches habitants se faisaient construire au XIXe siècle de belles villas sur les hauteurs de la ville. Lorsqu'à partir des années 1940 il devint plus intéressant d'habiter à proximité de la plage, le quartier Santa Teresa fut abandonné, avant d'être repris et réaménagé par des artistes et des originaux. Aujourd'hui, c'est un quartier où il fait bon vivre et sortir.

Santa Teresa
Um dem Stadttrubel und der Hitze zu entgehen, bauten sich reiche Einwohner im 19. Jahrhundert schöne Villen hoch über der Stadt. Als es ab den 1940er Jahren attraktiver wurde am Strand zu wohnen, verfiel Santa Teresa. Bis es von Künstlern und Aussteigern bezogen und neu gestaltet wurde. Heute ist es ein begehrtes Wohn- und Ausgehviertel.

Santa Teresa
Para escapar del ajetreo de la ciudad y del calor, los habitantes ricos construyeron hermosas villas en lo alto de la ciudad en el siglo XIX. A medida que se hizo más atractivo vivir en la playa a partir de la década de 1940, fue cayendo la fama de Santa Teresa, hasta que fue ocupada y rediseñada por artistas y desertores. Hoy en día es una zona residencial y de vida nocturna muy solicitada.

Santa Teresa
Para escapar da agitação da cidade e do calor, os habitantes ricos construíram belas vilas no alto da cidade no século XIX. Como se tornou mais atraente viver na praia a partir da década de 1940, Santa Teresa caiu em desuso. Até ser ocupada e redesenhada por artistas e adeptos de estilo de vida alternativo. Hoje é uma área residencial e de vida noturna muito procurada.

Santa Teresa
Om aan de drukte van de stad en de hitte te ontsnappen, bouwden de rijke inwoners in de 19e eeuw prachtige villa's hoog boven de stad. Toen het vanaf de jaren veertig van de vorige eeuw aantrekkelijker werd om op het strand te wonen, raakte Santa Teresa in verval. Totdat kunstenaars en alternatieve mensen er naartoe trokken en het nieuw werd vormgegeven. Tegenwoordig is het een gewilde woon- en uitgaansbuurt.

Santa Teresa

Santa Teresa

Roçinha

The poor black population lived on the hills after the abolition of slavery in 1888. Thanks to the support of urban planners, quarters for over one hundred thousand inhabitants with their own infrastructure could be created. In the Roçinha, tourist tours and favela restaurants provide a parallel economy of their own and the opportunity to make a living.

Roçinha

Après l'abolition de l'esclavage en 1888, la population noire très pauvre s'installa dans les collines. Grâce au soutien des urbanistes, des quartiers purent être dotés d'infrastructures suffisantes pour plus de cent mille habitants. À Roçinha, les visites guidées touristiques et les restaurants de favela participent à une économie parallèle locale et offrent aux habitants la possibilité de sortir de l'ombre.

Roçinha

Die arme schwarze Bevölkerung lebte nach Abschaffung der Sklaverei 1888 auf den Hügeln. Dank Unterstützung von Stadtplanern konnten Viertel für über hunderttausend Einwohner mit eigener Infrastruktur entstehen. In der Roçinha sorgen Touristentouren und Favela-Restaurants ansatzweise für eine eigene parallele Ökonomie und die Möglichkeit aus dem Schattendasein herauszukommen.

Roçinha

Tras la abolición de la esclavitud en 188, la población negra pobre vivía en las colinas. Gracias al apoyo de los urbanistas, se pudieron crear barrios para más de cien mil habitantes con infraestructura propia. En Roçinha, los tours turísticos y los restaurantes de las favelas proporcionan una economía paralela propia y la oportunidad de salir de entre las sombras.

Rocinha

A população negra pobre foi viver nos morros após a abolição da escravatura em 1888. Graças ao apoio dos urbanistas, foi possível criar bairros para mais de cem mil habitantes com a sua própria infra-estrutura. Na Rocinha, passeios turísticos e restaurantes de favela proporcionam uma espécie de economia paralela e a oportunidade de sair das sombras.

Roçinha

De arme zwarte bevolking leefde na afschaffing van de slavernij in 1888 op de heuvels. Dankzij de steun van stedenbouwkundigen konden er wijken voor meer dan honderdduizend inwoners met een eigen infrastructuur ontstaan. In Roçinha zorgen toeristische rondleidingen en favela-restaurants deels voor een eigen, parallelle economie en de mogelijkheid meer op de voorgrond te treden.

Floresta da Tijuca
Tijuca Forest

Floresta da Tijuca
Tijuca Forest

Floresta de Tijuca
The subtropical city forest around the Corcovado is a great gift for the city. A mountain road and hiking trails lead alongside romantic waterfalls through the national park. The highest point is Pico da Tijuca with 1,021 m (3350 ft). From here you have an impressive view of the city and its beaches.

Floresta da Tijuca
La forêt urbaine subtropicale entourant le Corcovado est un formidable cadeau pour la ville. Une route de montagne et des chemins de randonnée conduisent jusqu'aux chutes d'eau romantiques à travers le parc national. Son point culminant est le Pico da Tijuca, à 1 021 m. De là, on profite d'un panorama impressionnant sur la ville et ses plages

Floresta de Tijuca
Der subtropische Stadtwald um den Corcovado ist ein großes Geschenk für die Stadt. Eine Bergstraße und Wanderwege führen an romantischen Wasserfällen durch den Nationalpark. Der höchste Punkt ist der Pico da Tijuca mit 1021 m. Von hier bietet sich ein imposanter Blick auf die Stadt und ihre Strände.

Floresta de Tijuca
El bosque subtropical de la ciudad alrededor de Corcovado es un gran regalo para la ciudad. Un camino de montaña y rutas de senderismo conducen a lo largo de románticas cascadas a través del parque nacional. El punto más alto es el Pico da Tijuca con 1021 m. Desde aquí se puede disfrutar de una vista impresionante de la ciudad y sus playas.

Floresta da Tijuca
A floresta subtropical da cidade ao redor do Corcovado é um grande presente para a cidade. Uma estrada de montanha e trilhas para caminhadas levam ao longo de cachoeiras românticas através do parque nacional. O ponto mais alto é o Pico da Tijuca com 1021 m. Daqui você tem uma vista impressionante da cidade e de suas praias.

Floresta de Tijuca
Het subtropische stadsbos rond de Corcovado is een groot geschenk voor de stad. Een bergweg en wandelpaden lopen langs romantische watervallen door het nationale park. Het hoogste punt is Pico da Tijuca met 1021 meter. Hier bevindt zich een indrukwekkend uitzicht over de stad en haar stranden.

Pedra da Gávea, Floresta da Tijuca
Pedra da Gávea, Tijuca Forest

Rio de Janeiro

Hans Stern

The great jeweler was obsessed with knowing everything about Brazil's diamonds and precious stones: their locations, peculiarities, the process of cutting. In 1945 he founded his business in Rio de Janeiro and was successful. Subsidiaries all over the world followed. Today, a son continues to run the H. Stern company. Furthermore, the main shop, extended by a museum of jewelry, is located in the district of Ipanema.

Hans Stern

Le grand bijoutier était obsédé par l'idée de tout connaître sur les diamants et les pierres précieuses du Brésil : leur provenance, leurs particularités, les procédés de taille. Il fonda son entreprise à Rio de Janeiro en 1945 et rencontra le succès. Des succursales furent ensuite ouvertes dans le monde entier. Aujourd'hui, son fils a repris la direction de la maison H. Stern. L'établissement principal, agrémenté d'un musée de la joaillerie, est toujours situé dans le quartier d'Ipanema.

Hans Stern

Der große Juwelier war geradezu besessen, alles über Brasiliens Diamanten und Edelsteine zu wissen: ihre Fundorte, Besonderheiten, den Prozess des Schleifens. 1945 gründete er in Rio de Janeiro sein Geschäft und hatte Erfolg. Es folgten Niederlassungen auf der ganzen Welt. Heute führt ein Sohn das Haus H. Stern weiter. Weiterhin liegt das Hauptgeschäft, um ein Museum der Juwelierkunst erweitert, im Stadtteil Ipanema.

Hans Stern

El gran joyero estaba obsesionado con saberlo todo sobre los diamantes y las piedras preciosas de Brasil: su ubicación, sus peculiaridades, el proceso de tallado. En 1945 fundó su empresa en Río de Janeiro y tuvo éxito. Posteriormente fue abriendo filiales en todo el mundo. Hoy en día, uno de sus hijos sigue dirigiendo la empresa H. Stern. Además, la tienda principal, ampliada con un museo de joyería, se encuentra en el barrio de Ipanema.

Hans Stern

O grande joalheiro estava obcecado em saber tudo sobre os diamantes e pedras preciosas do Brasil: sua localização, peculiaridades, o processo de corte. Em 1945 fundou sua empresa no Rio de Janeiro e foi bem-sucedido. Seguiram-se filiais em todo o mundo. Hoje, um filho continua a dirigir a empresa H. Stern. Além disso, a loja principal, estendida a um museu de arte de joalheria, está localizada no bairro de Ipanema.

Hans Stern

De grote juwelier was geobsedeerd en wilde alles over de Braziliaanse diamanten en edelstenen weten: hun vindplaatsen, bijzonderheden, het slijpproces. In 1945 richtte hij in Rio de Janeiro zijn bedrijf op en was succesvol. Er volgden vestigingen over de hele wereld. Tegenwoordig zet zijn zoon het bedrijf H. Stern voort. De hoofdvestiging, uitgebreid met een juwelenmuseum, ligt nog steeds in het stadsdeel Ipanema.

Favela da Rocinha

Estádio do Maracanã

Maracanã Stadium

The most attractive place in the poorer northern zone of Rio de Janeiro is the Maracanã football stadium. It was built in 1950 for the World Cup. 199,854 spectators watched the final match. Today, after reconstruction, the stadium only has a capacity of 90,000, making it the third largest in the world. Experiencing a match in the Maracanã still leaves deep impressions. Today, big concerts take place here, Frank Sinatra and Madonna have performed in the stadium.

Stade Maracanã

Le site le plus attractif de la zone nord désœuvrée de Rio de Janeiro est le stade de football Maracanã, bâti en 1950 à l'occasion de la coupe du monde. Précisément 199 854 spectateurs y assistèrent à la finale. Aujourd'hui, il n'accueille plus que 90 000 personnes après rénovation et reste le troisième plus grand stade du monde. Assister à un match au Maracanã est une expérience inoubliable. Le site accueille également de grands concerts, Frank Sinatra et Madonna y ont notamment chanté.

Maracanã-Stadion

Der attraktivste Ort in der ärmeren Nordzone Rio de Janeiros ist das Fußballstadion Maracanã. Es wurde 1950 für die Weltmeisterschaft gebaut. 199 854 Zuschauer sahen hier das Endspiel. Heute fasst das Stadion nach Umbauten nur noch 90 000, es ist das drittgrößte der Welt. Ein Spiel im Maracanã zu erleben, hinterlässt nach wie vor tiefe Eindrücke. Heute finden hier auch große Konzerte statt, Frank Sinatra und Madonna traten im Stadion auf.

Criança jogando futebol
Child playing soccer

Estadio do Maracanã
El lugar más atractivo de la zona más pobre del norte de Río de Janeiro es el estadio de fútbol Maracanã. Fue construido en 1950 para la Copa del Mundo. 199 854 espectadores vieron el partido final. Hoy en día, después de haber sido sometido a varias reformas, el estadio tiene una capacidad de solo 90 000 espectadores, lo que lo convierte en el tercer estadio más grande del mundo. Ver un partido en el Maracanã sigue dejando profundas impresiones. Actualmente se celebran aquí grandes conciertos: Frank Sinatra y Madonna actuaron en el estadio.

Estádio do Maracanã
O lugar mais atraente na zona norte mais pobre do Rio de Janeiro é o estádio de futebol do Maracanã. Foi construído em 1950 para a Copa do Mundo. 199 854 espectadores assistiram ao jogo final. Hoje, o estádio tem uma capacidade de apenas 90.000 espectadores, o que o torna o terceiro maior do mundo. Assistir a uma partida de futebol no Maracanã ainda deixa grandes impressões. Hoje, grandes shows acontecem aqui, Frank Sinatra e Madonna se apresentaram neste estádio.

Stadion Maracanã
De aantrekkelijkste plek in de armere, noordelijke zone van Rio de Janeiro is het voetbalstadion Maracanã. Het werd in 1950 voor het WK voetbal gebouwd. 199.854 toeschouwers keken naar de finale. Na verbouwingen heeft het stadion tegenwoordig nog een capaciteit van slechts 90.000 en is daarmee het op twee na grootste voetbalstadion ter wereld. Het meemaken van een wedstrijd in Maracanã is nog steeds zeer indrukwekkend. Vandaag de dag vinden hier grote concerten plaats, Frank Sinatra en Madonna traden in het stadion op.

Soccer

The Brazilian national sport attained the first world championship title in 1958 with Pelé, the legendary black player. Football became the flagship of Brazil. Players shaped their own "Brazilian style", which was regarded as dance-like, fast and dangerous. On 19 June each year, Brazil celebrates the National Football Day. Football stars are venerated like kings and even today football remains one of the few stepping stones for young blacks to rise up in society.

Football

Le football est le sport national du Brésil. L'équipe nationale décrocha son premier titre mondial en 1958, avec Pelé, légendaire joueur d'origine africaine. Le football devint la figure de proue du pays. Les joueurs développèrent un « style brésilien », avec un jeu agile, rapide et efficace en attaque. Chaque 19 juin, le Brésil célèbre la journée nationale du football. Les meilleurs joueurs sont honorés comme des rois et aujourd'hui encore, ce sport reste l'un des rares tremplins permettant l'ascension des jeunes d'origine africaine dans la société.

Fußball

Der brasilianische Nationalsport schaffte es 1958 mit Pelé, dem legendären schwarzen Spieler, zum ersten Weltmeistertitel. Fußball wurde zum Aushängeschild Brasiliens. Spieler prägten einen eigenen „brasilianischen Stil", der als tänzelnd, schnell und torgefährlich galt. Am 19. Juni jedes Jahres feiert Brasilien den Nationaltag des Fußballs. Fußballstars werden wie Könige verehrt und auch heute bleibt Fußball eines der wenigen Sprungbretter für junge Schwarze in der Gesellschaft aufzusteigen.

Fútbol

El deporte nacional brasileño logró el primer título mundial en 1958 con Pelé, el legendario jugador negro. El fútbol se convirtió en el buque insignia de Brasil. Los jugadores dieron forma a su propio «estilo brasileño», considerado como un baile, rápido y con gran posibilidad de marcar goles. El 19 de junio de cada año, Brasil celebra el Día Nacional de Fútbol. Las estrellas del fútbol son veneradas como reyes y este deporte sigue siendo en la actualidad uno de los pocos trampolines para que los jóvenes negros se levanten en la sociedad.

Futebol

O esporte nacional brasileiro conquistou o primeiro título do campeonato mundial em 1958 com Pelé, o lendário jogador negro. O futebol tornou-se o carro-chefe do Brasil. Os jogadores criaram o seu próprio "estilo brasileiro", que era considerado como dançando, rápido e perigoso. No dia 19 de junho de cada ano, o Brasil comemora o Dia Nacional do Futebol. As estrelas do futebol são veneradas como reis e ainda hoje o futebol continua a ser um dos poucos trampolins para os jovens negros se erguerem na sociedade.

Voetbal

De nationale sport van Brazilië haalde in 1958 de eerste wereldkampioenstitel met Pelé, de legendarische zwarte speler. Voetbal werd het uithangbord van Brazilië. Spelers creëerden een eigen "Braziliaanse stijl" die werd beschouwd als dansend, snel en gevaarlijk in het doelgebied. Jaarlijks viert Brazilië op 19 juni de Nationale Voetbaldag. Voetbalsterren worden vereerd als koningen en zelfs vandaag de dag is voetbal nog steeds een van de weinige springplanken voor jonge, zwarte inwoners om in de samenleving hogerop te komen.

Museu de Arte Contemporânea de Niterói
Niterói Contemporary Art Museum

Carnaval do Rio de Janeiro
Rio Carnival

Carnival

The most important Brazilian folklore festival, which was developed in connection with the European tradition, is a great event. The Samba School Competition takes place during Carnival Week. Per school, 60,000 members dance and sing over a period of 19 hours. The costume of the lead samba dancer alone with its attached Swarovski gems and albino feathers costs a fortune. Neither money, commerce and politics nor the media machinery have managed to tame the ever-new energies of the festival culture.

Carnaval

La plus grande fête folklorique du Brésil, issue de la tradition européenne, est un immense événement. La compétition des écoles de samba se déroule au cours de la semaine du carnaval. Sur une période de 19 heures, chaque école présente 60 000 danseurs et chanteurs. Le seul costume de la première danseuse, orné de pierres Swarovski et de plumes de paon albinos, vaut une fortune. Ni l'argent, ni le commerce, ni la politique, ni la machine médiatique ne sont encore parvenus à refréner l'énergie toujours renouvelée de cette culture festive.

Karneval

Das wichtigste folkloristische Fest Brasiliens, das im Austausch mit der europäischen Tradition entstand, ist ein Großereignis. In der Karnevalswoche findet der Wettbewerb der Samba-Schulen statt. Pro Schule tanzen und singen 60 000 Mitglieder über den Zeitraum von 19 Stunden. Allein das Kostüm der Sambavortänzerin mit applizierten Swarowski-Edelsteinen und Albinofedern kostet ein Vermögen. Weder Geld, Kommerz und Politik noch die Medienmaschinerie schafften es bisher, die immer neuen Energien der Festkultur zu bändigen.

Carnaval do Rio de Janeiro
Rio Carnival

Carnaval
El festival folklórico brasileño más importante, que nació a través del intercambio con la tradición europea, es un gran acontecimiento. El concurso escolar de samba tiene lugar durante la semana de carnaval. Por escuela, 60 000 miembros bailan y cantan durante 19 horas. El traje de la bailarina de samba con gemas de Swarovski y plumas albinas cuesta una fortuna. Ni el dinero, ni el comercio, ni la política, ni la maquinaria mediática han conseguido domar las siempre nuevas energías de la cultura del festival.

Carnaval
O mais importante festival folclórico brasileiro, que nasceu em troca da tradição européia, é um grande evento. O concurso das escolas de samba acontece durante a semana de carnaval. Num total de aproximadamente 60.000 membros das escolas de samba, se apresentam em suas respectivas escolas, e dançam e cantam durante um período total de 19 horas. A fantasia de uma sambista com jóias Swarowski aplicadas e penas de faisão albino chega a custar uma fortuna. Nem o dinheiro, nem o comércio e nem a política, nem a maquinaria da mídia conseguiram domar as energias sempre novas da cultura do festival.

Carnaval
Het belangrijkste Braziliaanse folkloristische festival, dat is ontstaan in ruil voor de Europese traditie, is een groots evenement. In de carnavalsweek vindt de wedstrijd onder de sambascholen plaats. Per school dansen en zingen 60.000 leden over een periode van 19 uur. Alleen al het kostuum van de sambadanseres met Swarovski edelstenen en albino veren kost een vermogen. Noch geld, handel en politiek, noch de mediamachinerie slaagden er tot nu toe in de altijd weer nieuwe energieën van de festivalcultuur in te tomen.

Sambódromo, Carnaval do Rio de Janeiro
Sambódromo, Rio Carnival

Carnaval do Rio de Janeiro
Rio Carnival

Carnaval do Rio de Janeiro
Rio Carnival

Sambódromo

In 1984, Oscar Niemeyer built the Sambodrome in the center: a modern cement samba stadium. On the 700 m (2,300 ft) long track, the best of 14 samba schools compete in the carnival over two days. 88,000 spectators watch the exciting spectacle from the stands. The existing Samba Avenida was included in the construction and extended.

Sambódromo

Le sambodrome, stade de samba en ciment, fut construit au centre de la ville selon les plans d'Oscar Niemeyer en 1984. La piste de 700 m de long accueille sur deux jours, à l'occasion du carnaval, le concours de la première ligue des 14 écoles de samba. Dans les tribunes, 88 000 spectateurs assistent à ce spectacle brûlant. L'ancienne *samba avenida* fut intégrée à la construction et prolongée.

Sambódromo

Oscar Niemeyer baute 1984 im Zentrum das Sambodrom: ein modernes Sambastadion aus Zement. Auf der 700 m langen Piste tritt im Karneval die erste Liga der 14 Sambaschulen an zwei Tagen zum Wettbewerb an. Von den Tribünen aus schauen sich 88 000 das heiße Spektakel an. Die bestehende Samba-Avenida wurde in den Bau einbezogen und verlängert.

Sambódromo

En 1984, Oscar Niemeyer construyó el Sambódromo en el centro: un moderno estadio de samba de cemento. En la pista de 700 m de longitud, la primera liga de 14 escuelas de samba compite en el carnaval durante dos días. 88 000 espectadores observan el espectáculo caliente desde las gradas. La Avenida Samba existente fue incluida en la construcción y ampliada.

Sambódromo

Em 1984, Oscar Niemeyer construiu o Sambódromo no centro da cidade: um moderno estádio de samba de cimento. Na pista de 700 m de extensão, a primeira liga de 14 escolas de samba disputam o carnaval em dois dias. 88.000 espectadores assistem ao espectáculo quente das bancadas. A Avenida do Samba Avenida existente foi incluída na construção e ampliada.

Sambódromo

In 1984 bouwde Oscar Niemeyer in het centrum de Sambodrome: een modern samba-stadion van cement. Op de 700 m lange straat nemen bij het carnaval 14 sambascholen uit de hoogste divisie het twee dagen lang tegen elkaar op. Vanaf de tribunes kijken 88.000 toeschouwers naar het opzwepende schouwspel. De bestaande Samba Avenida werd bij de bouw geïntegreerd en uitgebreid.

Carnaval do Rio de Janeiro
Rio Carnival

Carnaval do Rio de Janeiro
Rio Carnival

Carnaval do Rio de Janeiro
Rio Carnival

Samba school
The first official competition of samba dancing carnival groups took place in 1932 in the old town center at Praça Onze. The Mangeira group won and is now one of Rio de Janeiro's largest samba schools. The almost exclusively black samba blocks soon outstripped the official white carnival parades.

Les écoles de samba
La première compétition officielle entre les groupes du carnaval jouant de la samba, fut organisée en 1932 dans l'ancien centre-ville sur la Praça Onze. Le groupe Mangueira, vainqueur cette année-là, se développa jusqu'à devenir actuellement l'une des plus grandes écoles de samba de Rio de Janeiro. Les groupes de samba constitués pratiquement exclusivement d'Afro-brésiliens supplantèrent rapidement les cortèges officiels « blancs » du carnaval.

Sambaschule
Der erste offizielle Wettbewerb der Samba spielenden Karnevalsgruppen fand 1932 im alten Stadtzentrum an der Praça Onze statt. Die Gruppe Mangeira siegte, sie ist heute eine der ganz großen Samba-Schulen Rio de Janeiros. Die fast ausschließlich aus Schwarzen bestehenden Sambablöcke liefen den offiziellen weißen Karnevalsumzügen bald den Rang ab.

Escuela de samba
La primera competición oficial de grupos de carnaval que tocaban samba tuvo lugar en 1932 en el centro histórico de la plaza Praça Onze. El grupo Mangeira ganó y ahora es una de las mayores escuelas de samba de Río de Janeiro. Los bloques de samba casi exclusivamente negros pronto superaron a los desfiles oficiales del carnaval blanco.

Escola de samba
A primeira competição oficial de grupos carnavalescos tocando samba aconteceu em 1932, no centro histórico da cidade, na Praça Onze. O grupo Mangueira foi o vencedor e é hoje uma das maiores escolas de samba do Rio de Janeiro. Os blocos de samba compostos quase exclusivamente por negros logo superaram os desfiles oficiais do carnaval dos brancos.

Sambaschool
De eerste officiële wedstrijd van carnavalsgroepen die samba spelen vond in 1932 in de oude binnenstad van Praça Onze plaats. De groep Mangeira won en is nu een van grootste sambascholen in Rio de Janeiro. De bijna uitsluitend uit zwarte mensen bestaande sambaformaties staken de officiële witte carnavalsoptochten al gauw de loef af.

Carnaval do Rio de Janeiro
Rio Carnival

Carnaval do Rio de Janeiro
Rio Carnival

Allegory floats
The allegorical floats are an important element of expression of the Samba school. In the past they were made of papier-mâché and plaster, today they are made of synthetic fibres. The floats function as stage sets. In harmony with the living actors on the trucks, they represent the theme of the samba school with all means of art available.

Chars allégoriques
Les chars allégoriques sont des éléments d'expression importants pour les écoles de samba. Ils étaient à l'origine constitués de papier mâché et de plâtre mais sont aujourd'hui fabriqués en fibres synthétiques. Les chars jouent le rôle de décors de scène. Ils représentent par tous les moyens artistiques possibles le thème de l'école de samba, en harmonie avec les acteurs qu'ils transportent.

Allegoriewagen
Die Allegoriewagen sind ein wichtiges Ausdruckselement der Sambaschule. Früher waren sie aus Pappmaché und Gips, heute sind sie aus Kunstfasern. Die Wagen fungieren als Bühnenbilder. Sie stellen im Einklang mit den lebenden Akteuren auf den Wagen das Thema der Sambaschule mit allen Mitteln der Kunst dar.

Carros alegóricos
Los carruajes alegóricos son un elemento importante de expresión de la escuela de samba. En el pasado se fabricaban con papel maché y yeso, y hoy se fabrican con fibras sintéticas. Los carros funcionan como escenarios. En armonía con los actores vivos que van en ellos, representan el tema de la escuela de samba con todos los medios del arte.

Carros de alegóricos
Os carros alegóricos são um importante elemento de expressão da escola de samba. No passado eram feitos de papel machê e gesso, hoje são feitos de fibras sintéticas. Os carros funcionam como cenários. Em harmonia com os atores vivos em cima dos carros, eles representam o tema da escola de samba usando todos os meios da arte.

Praalwagens
De praalwagens vormen een belangrijk expressie-element van de sambaschool. Vroeger werden ze gemaakt van papier-maché en gips, tegenwoordig zijn ze gemaakt van kunststof. De wagens fungeren als toneeldecors. Ze beelden samen met levende acteurs op de wagens en artistieke middelen het thema van de sambaschool voor.

Carnaval do Rio de Janeiro
Rio Carnival

FTS

Paraná

Cataratas do Iguaçu
Iguazu Falls

Salto Floriano, Salto Santa Maria
Floriano Falls, Santa Maria Falls

Paraná
Paraná is one of the richest states in Brazil. The spectacular Iguaçu waterfalls are located on the border with Argentina. Every year they attract 700,000 visitors. Iguaçu comes from the Indian Tupi Guaraní language and means "the great water". The national park of the same name has been a UNESCO World Heritage Site since 1986.

Paraná
Le Paraná compte parmi les États fédérés les plus riches du Brésil. Les spectaculaires chutes d'eau d'Iguaçu sont situées à la frontière avec l'Argentine. Elles attirent chaque année 700 000 visiteurs. Le nom « Iguaçu » provient de la langue indienne tupi-guaraní et signifie « les grandes eaux ». Le parc national homonyme est inscrit depuis 1986 au patrimoine mondial de l'Unesco.

Paraná
Paraná zählt zu den reichsten Bundesstaaten Brasiliens. Die spektakulären Iguaçu Wasserfälle liegen an der Grenze zu Argentinien. Jährlich ziehen sie 700 000 Besucher an. Iguaçu kommt aus der indianischen Tupi-Guaraní-Sprache und bedeutet „das große Wasser". Der gleichnamige Nationalpark zählt seit 1986 zum Weltkulturerbe der UNESCO.

Paraná
Paraná es uno de los estados más ricos de Brasil. Las espectaculares cataratas de Iguazú se encuentran en la frontera con Argentina. Cada año atraen a 700 000 visitantes. Iguazú proviene de la lengua indígena tupi guaraní y significa «la gran agua». El parque nacional que lleva el mismo nombre es Patrimonio de la Humanidad de la UNESCO desde 1986.

Paraná
O Paraná é um dos estados mais ricos do Brasil. As espetaculares Cataratas do Iguaçu estão localizadas na fronteira com a Argentina. Todos os anos atraem 700.000 visitantes. Iguaçu vem da língua indígena tupi-guarani e significa "a grande água". O parque nacional com o mesmo nome é Património Mundial da UNESCO desde 1986.

Paraná
Paraná is een van de rijkste deelstaten van Brazilië. De spectaculaire Iguaçu watervallen liggen op de grens met Argentinië. Elk jaar trekken ze 700.000 bezoekers. Iguaçu komt uit de indiaanse Tupi Guaraní taal en betekent "het grote water". Het gelijknamige nationale park staat sinds 1986 op de Werelderfgoedlijst van de UNESCO.

Cataratas do Iguaçu
Iguaçu Falls

Cataratas do Iguaçu
Iguaçu Falls

Cataratas do Iguaçu
Iguaçu Falls

Iguaçu Waterfalls
The Iguaçu waterfalls consist of 250 different falls. The water comes from the Iguaçu River, which is 1,200 km (745 mi) long. Shortly before it flows into the Rio Paraná, the water masses plunge 80 m (262 ft) into the depth. Around the waterfalls there is a subtropical rain forest with 2,000 plant species. It is the habitat of 400 bird and 80 animal species.

Les chutes d'Iguaçu
Les chutes d'Iguaçu sont en fait constituées de 250 cascades. Elles sont alimentées par la rivière Iguaçu, longue de 1 200 km. Juste avant le confluent avec le río Paraná, les masses d'eau chutent de 80 m. Tout autour se déploie la forêt humide subtropicale peuplée de 2 000 essences d'arbres, qui abrite 400 espèces d'oiseaux et 80 autres espèces animales.

Iguaçu Wasserfälle
Die Iguaçu Wasserfälle bestehen aus 250 verschiedenen Fällen. Sie speisen sich aus dem Iguaçu-Fluss, der 1200 km lang ist. Kurz vor seiner Mündung in den Rio Paraná stürzen die Wassermassen 80 m in die Tiefe. Rund um die Wasserfälle liegt ein subtropischer Regenwald mit 2000 Pflanzenarten. Er ist Habitat von 400 Vogel- und 80 Tierarten.

Cataratas del Iguazú
Las Cataratas del Iguazú están formadas por 250 cataratas diferentes. Se alimentan del río Iguazú, que tiene 1200 km de largo. Poco antes de desembocar en el río Paraná, las masas de agua se sumergen 80 m en la profundidad. Alrededor de las cascadas hay un bosque lluvioso subtropical con 2000 especies de plantas. Es el hábitat de 400 especies de aves y 80 especies animales.

Cataratas do Iguaçu
As Cataratas do Iguaçu consistem em 250 diferentes quedas. Elas se alimentam do Rio Iguaçu, que tem 1200 km de extensão. Pouco antes de desembocar no Rio Paraná, as massas de água mergulham 80 m na profundidade. Ao redor das cataratas há uma floresta tropical e subtropical com 2000 espécies de plantas. É o habitat de 400 aves e 80 espécies animais.

Watervallen van de Iguaçu
De Watervallen van de Iguaçu bestaan uit 250 verschillende watervallen. Het water stamt uit de Iguaçu rivier die 1200 km lang is. Kort voor de uitmonding in de Rio Paraná storten de watermassa's 80 m in de diepte. Rondom de watervallen ligt een subtropisch regenwoud met 2000 plantensoorten. Het is het leefgebied van 400 vogel- en 80 diersoorten.

Santa Catarina

Serra Catarinense

Florianópolis

Santa Catarina
Spanish conquerors settled on the coast of Santa Catarina in 1542, where the capital Florianópolis is situated. The first German colony was founded inland in 1829. In the south of Brazil Araucaria forests covered the whole country in the past. The forest was almost completely destroyed, but the trees can be seen again today thanks to reforestation programs.

Santa Catarina
Les conquérants espagnols s'établirent en 1542 sur la côte de Santa Catarina, à l'emplacement de la capitale fédérale Florianópolis. La première colonie allemande fut fondée en 1829 à l'intérieur du pays. Dans le sud du Brésil, les anciennes forêts d'araucarias couvraient la totalité des terres. Après avoir failli totalement disparaître, les arbres ont fait leur réapparition au terme de grands programmes de reboisement.

Santa Catarina
An der Küste von Santa Catarina ließen sich 1542 spanische Eroberer nieder. Dort liegt die Hauptstadt Florianópolis. Landeinwärts wurde 1829 die erste deutsche Kolonie gegründet. Im Süden Brasiliens bedeckten früher Araukarienwälder das ganze Land. Nachdem der Bestand fast völlig vernichtet wurde, sind die Bäume Dank Aufforstungsprogrammen heute wieder zu sehen.

Santa Catarina
Los conquistadores españoles se establecieron en la costa de Santa Catarina en 1542. Allí se encuentra la capital Florianópolis. La primera colonia alemana fue fundada en el interior en 1829. En el sur de Brasil, en tiempos pasados, los bosques de araucarias cubrían todo el país. Después de que la población fuese casi completamente destruida, ahora pueden volver a verse árboles gracias a los programas de reforestación.

Santa Catarina
Conquistadores espanhóis se estabeleceram no litoral de Santa Catarina em 1542, onde se encontra a capital Florianópolis. A primeira colônia alemã foi fundada no interior em 1829. No sul do Brasil, em tempos passados, as florestas de araucárias cobriam todo o país. Depois da floresta ser quase toda completamente destruída, as árvores podem ser vistas novamente hoje graças aos programas de reflorestamento.

Santa Catarina
In 1542 vestigden zich Spaanse veroveraars aan de kust van Santa Catarina. Daar ligt de hoofdstad Florianópolis. In 1829 ontstond landinwaarts de eerste Duitse kolonie. In het zuiden van Brazilië bedekten de Araucaria bossen vroeger het hele land. Nadat het bomenbestand bijna geheel werd vernietigd, zijn de bomen dankzij herbebossingsprogramma's vandaag de dag weer te zien.

Araucaria

Florianópolis

Praia de Itaguaçu, Florianópolis
Itaguaçu Beach, Florianópolis

Praia Itaguaçu
Florianópolis has 42 beaches. In the noble residential area in the south of Florianópolis there is a 700 m (3,000 ft) long sandy beach with beautiful bars and small restaurants. Itaguaçu comes from the Tupi and means big stone. Large round stones in the water form a bizarre backdrop.

Praia do Itaguaçu
Florianópolis compte 42 plages. Le quartier chic situé au sud de la ville possède une plage de sable de 700 m de long, aménagée avec de jolis bars et de petits restaurants. « Itaguaçu » est un nom issu de la langue tupi qui signifie « grosse pierre ». Et, en effet, de gros rochers ronds dans l'eau composent un décor des plus étranges.

Praia Itaguaçu
Florianópolis hat 42 Strände. Im noblen Wohnviertel im Süden von Florianópolis gibt es einen 700 m langen Sandstrand mit schönen Bars und kleinen Restaurants. Itaguaçu stammt aus dem Tupi und bedeutet großer Stein. Große runde Steine im Wasser bilden eine bizarre Kulisse.

Praia Itaguaçu
Florianópolis tiene 42 playas. En la zona residencial noble en el sur de Florianópolis hay una playa de arena de 700 m de largo con hermosos bares y pequeños restaurantes. Itaguaçu viene del tupí y significa piedra grande. Las grandes piedras redondas que hay en el agua forman un paisaje extraño.

Praia Itaguaçu
Florianópolis tem 42 praias. Na nobre área residencial no sul de Florianópolis há uma praia de areia de 700 m de extensão com belos bares e pequenos restaurantes. Itaguaçu vem da língua tupi e significa pedra grande. Grandes pedras redondas na água formam um cenário bizarro.

Praia Itaguaçu
Florianópolis heeft 42 stranden. In de chique woonwijk in het zuiden van Florianópolis ligt een 700 m lang zandstrand met mooie bars en kleine restaurants. Itaguaçu komt uit de Tupi taal en betekent grote steen. Grote ronde stenen in het water vormen een bizar decor.

Campeche Island
South of Florianópolis lies the island of Campeche, which can only be reached by boat. Once fishermen lived here but today Campeche is an ecological reserve with hiking trails. The large island offers a fantastic beach, which attracts snorkelers.

Campeche
L'île Campeche se situe au large de la côte sud de Florianópolis et ne peut être atteinte que par bateau. Autrefois habitée par des pêcheurs, Campeche est aujourd'hui une réserve écologique, aménagée avec des chemins de randonnée. Elle offre une plage fantastique à laquelle aucun plongeur avec tuba ne saurait résister.

Insel Campeche
Südlich von Florianópolis liegt vorgelagert die Insel Campeche. Sie ist nur mit dem Boot zu erreichen. Einst wohnten hier Fischer. Heute ist Campeche ein Ökoreservat mit Wanderwegen. Die Insel wartet mit einem fantastischen Strand auf, der zum Schnorcheln einlädt.

Isla Campeche
Al sur de Florianópolis se encuentra la isla de Campeche, a la que solo se puede llegar en barco. Antiguamente aquí vivían pescadores, y hoy en día Campeche es una reserva ecológica con rutas de senderismo. La isla ofrece una fantástica playa que invita a hacer esnórquel.

Ilha do Campeche
Ao sul de Florianópolis fica a Ilha do Campeche. Ela só pode ser alcançada de barco. Aqui viviam pescadores. Hoje Campeche é uma reserva ecológica com trilhas para caminhadas. A ilha oferece uma praia fantástica, que convida você a praticar snorkel.

Eiland Campeche
Ten zuiden van Florianópolis ligt het eiland Campeche. Het is alleen per boot te bereiken. Ooit woonden hier vissers. Vandaag de dag is Campeche een ecologisch reservaat met wandelpaden. Het eiland biedt een fantastisch strand dat tot snorkelen uitnodigt.

Rio Grande do Sul

Morro da Guarita, Torres

Porto Alegre

Rio Grande do Sul
In the 17th century, first the Jesuits and then the Portuguese colonized the southernmost region of Brazil. Livestock breeding and the military formed the strength of the state, which borders on Argentina and Uruguay. Porto Alegre, the capital, has 1.4 million inhabitants. The port city lies on the Guaiba river and the large lagoon and is the most important commercial center of the south.

Rio Grande do Sul
Au XVIIe siècle, les jésuites, puis les Portugais, colonisèrent cette région la plus au sud du Brésil. L'élevage et les activités militaires firent la puissance de cet État fédéré, limitrophe de l'Argentine et de l'Uruguay. Porto Alegre, sa capitale, compte 1,4 million d'habitants. La ville portuaire est installée sur la rive du río Guaíba et de sa vaste lagune et constitue le principal centre de commerce de la région du sud.

Rio Grande do Sul
Im 17. Jahrhundert kolonisierten erst die Jesuiten und dann die Portugiesen die südlichste Region Brasiliens. Viehzucht und Militär bildeten die Stärke des Bundesstaats, der an Argentinien und Uruguay grenzt. Porto Alegre, die Hauptstadt, hat 1,4 Millionen Einwohner. Die Hafenstadt liegt am Guaiba-Fluss und der großen Lagune und ist das wichtigste Handelszentrum des Südens.

Rio Grande do Sul
En el siglo XVII, primero los jesuitas y luego los portugueses colonizaron la región más meridional de Brasil. La ganadería y el ejército formaron la fuerza del estado, que limita con Argentina y Uruguay. Porto Alegre, la capital, tiene 1,4 millones de habitantes. La ciudad portuaria se encuentra sobre el río Guaiba y la gran laguna y es el centro comercial más importante del sur.

Rio Grande do Sul
No século XVII, primeiro os jesuítas e depois os portugueses colonizaram a região mais ao sul do Brasil. A criação de gado e as forças armadas formaram a força do Estado, que faz fronteira com a Argentina e o Uruguai. Porto Alegre, a capital, tem 1,4 milhão de habitantes. A cidade portuária fica às margens do Lago Guaíba e é o centro comercial mais importante do sul.

Rio Grande do Sul
In de 17e eeuw koloniseerden eerst de jezuïeten en vervolgens de Portugezen de meest zuidelijke regio van Brazilië. De veeteelt en het leger vormden de kracht van de deelstaat die aan Argentinië en Uruguay grenst. De hoofdstad Porto Alegre heeft 1,4 miljoen inwoners. De havenstad ligt aan de Guaiba rivier en de grote lagune en is het belangrijkste handelscentrum van het zuiden.

Porto Alegre

Cânion Itaimbezinho, Parque Nacional de Aparados da Serra
Itaimbezinho Canyon, Aparados da Serra National Park

Parque Estadual do Caracol
Caracol State Park

Cascata do Caracol, Parque Estadual do Caracol
Caracol Falls, Caracol State Park

Beija-flor-de-fronte-violeta
Violet-capped woodnymph

Mountains of South Brazil
North of Porto Alegre begins the attractive highland of the Serra Gaúcha. The mountains are about 1000 m (3,280 ft) high. The national park Aparados da Serra includes gorges up to 2,362 ft (720 m) deep and the narrow gorge Itaimbezinho is almost 6 km (3.7 miles) long. A special feature is also the Araucaria forest, which has been preserved here. A starting point for the excursions into the nature parks is the small town of Canela, located north of Porto Alegre. The Parque Estadual do Caracol contains an impressive 131 m (430 ft) high waterfall. One can descend over almost 927 steps to the basin.

Le pays montagneux du sud du Brésil
Au nord de Porto Alegre débute la Serra Gaúcha, haute terre aux innombrables attraits. Ses montagnes culminent autour de 1 000 m. Le parc national d'Aparados da Serra comporte des ravins dont certains s'enfoncent à 720 m de profondeur. L'étroit canyon d'Itaimbezinho court sur pratiquement 6 km. Autre particularité, sa forêt d'araucarias préservée. La petite ville de Canela, au nord de Porto Alegre constitue un parfait point de départ pour les excursions dans les parcs naturels. Le Parque Estadual do Caracol offre une chute d'eau de 131 m, le long de laquelle, un escalier de pratiquement 927 marches permet de descendre jusqu'au bassin.

Bergwelt Südbrasiliens
Nördlich von Porto Alegre beginnt die Serra Gaúcha, das reizvolle Hochland. Die Berge sind um die 1000 m hoch. Der Nationalpark Aparados da Serra wartet mit bis zu 720 m tiefen Schluchten auf. Die enge Schlucht Itaimbezinho ist fast 6 km lang. Eine Besonderheit ist auch der Araukarienwald, der sich hier erhalten hat. Ausgangspunkt für die Ausflüge in die Naturparks ist das nördlich von Porto Alegre gelegene Städtchen Canela. Der Parque Estadual do Caracol lockt mit einem 131 m hohen Wasserfall. Über 927 Stufen kann man zum Becken hinabsteigen.

Sapo-boi-azul
Blue poison dart frog

Montañas del sur de Brasil

Al norte de Porto Alegre comienza la encantadora sierra Serra Gaúcha. Las montañas tienen unos 1000 m de altura. El parque nacional Aparados da Serra ofrece barrancos de hasta 720 m de profundidad. La estrecha garganta de Itaimbezinho tiene casi 6 km de largo. Una característica especial es también el bosque de araucarias que se ha conservado aquí. El punto de partida para las excursiones a los parques naturales es la pequeña ciudad de Canela, situada al norte de Porto Alegre. El Parque Estadual do Caracol es muy atractiva gracias a su cascada de 131 m de altura. A lo largo de casi 927 pasos se puede descender a la cuenca.

Montanhas do Sul do Brasil

Ao norte de Porto Alegre começa a Serra Gaúcha, o charmoso planalto. As montanhas têm cerca de 1000 m de altura. O Parque Nacional Aparados da Serra oferece desfiladeiros de até 720 m de profundidade. O desfiladeiro estreito de Itaimbezinho tem quase 6 km de extensão. Uma característica especial é também a floresta de Araucária, que aqui foi preservada. O ponto de partida para as excursões aos parques naturais é a pequena cidade de Canela, localizada ao norte de Porto Alegre. O Parque Estadual do Caracol atrai com uma cachoeira de 131 m de altura. Uma escada de 927 degraus que conduz até a base da cascata.

Berglandschap Zuid-Brazilië

Ten noorden van Porto Alegre begint de Serra Gaúcha, het aantrekkelijke hoogland. De bergen zijn ongeveer 1000 m hoog. Het nationale park Aparados da Serra biedt ravijnen die tot 720 m diep zijn. De smalle kloof Itaimbezinho is bijna 6 km lang. Een bijzonderheid is het Araucaria-bos dat hier bewaard is gebleven. Vertrekpunt voor de excursies in de natuurparken is het ten noorden van Porto Alegre gelegen stadje Canela. De 131 m hoge waterval in het Parque Estadual do Caracol is verlokkelijk. Over bijna 927 treden kan men naar het bekken afdalen.

VENEZUELA
COLOMBIA
ECUADOR
Negro
Floresta
Solimões
1 Amazonas
Porto Velho
Rio Branco
PERU
Guaporé
BOLIVIA
Oceano Pacífico
CHILE
ARGENTINA

Oceano Atlântico
GUYANA
SURINAME
GUYANE
Boa Vista
Branco
Macapá
Belém
São Luís
Parque Nacional dos Lençóis Maranhenses
Parque Nacional de Jericoacoara
Praia de Taiba
Praia de Caetanos
Praia de Icaraí de Amontada
Fortaleza
Fernando de Noronha
Manaus
Amazonas
Tocantins
Amazônica
Madeira
Tapajós
Xingu
Maraba
Teresina
3 Ceará & Maranhão
2 Pará
Natal
João Pessoa
BRASIL
4 Pernambuco
Olinda
Recife
Rio Capibaribe
Parnaíba
Tocantins
Araguaia
São Francisco
5 Alagoas
São Miguel dos Milagres
Maceió
Marechal Deodoro
Palmas
Parque Estadual do Jalapão
Juazeiro
Parque Indigena do Xingu
Arinos
Cachoeira da Velha
7 Tocantins
Aracajú
Parque Nacional da Chapada Diamantina
Praia do Forte
Guarajuba
Praias do Guarajá
Cairu
Salvador
Ilha de Tinharé
6 Bahia
Paraná
Parque Nacional da Chapada dos Guimarães
Parque Nacional da Chapada dos Veadeiros
Carinhanha
Preto
Cuiabá
8 Brasília & Goiás
São Francisco
Brasília
9 Mato Grosso & Mato Grosso do Sul
Goiânia
Montes Claros
Caravelas
Arquipélago de Abrolhos
10 Minas Gerais & Esperito Santo
Belo Horizonte
Parque Pedra da Cebola
Paraná
Campo Grande
Guapiaçu
Ouro Preto
Marechal Floriano
Vitória
Pedra Azul
Tiête
11 São Paulo
12 Rio de Janeiro
Oceano Atlântico
Serra da Mantiqueira
São Paulo
13 Rio de Janeiro City
PARAGUAY
14 Paraná
Ilha da Queimada Grande
Iguaçu
Curitiba
Cataratas do Iguaçu
Parque Nacional da Serra dos Órgãos
15 Santa Catarina
Ilha do Campeche
Florianópolis
Praia de Itaguaçu
Parque Estadual do Caracol
Cânion Itaimbezinho
Laguna
Parque Nacional de Aparados da Serra
Torres
Arroio do Meio
16 Rio Grande do Sul
Porto Alegre
Pelotas
Rio Grande
URUGUAY
Juiz de Fora
Serra da Beleza
Serra da Mantiqueira
Campos
Reserva Ecológica de Guapiaçu
Serra do Mar
Campinas
Rio Itamambuca
Serrinha do Alambari
13 Rio de Janeiro City
Praia da Gorda
Armação dos Búzios
Paraty
Icaraí
São Paulo
Praia da Sununga
Ubatuba
Ilha Grande
Costa do Sol
Parque Estadual da Costa do Sol
Barra de Guaratiba
Praia de Ipanema
Floresta da Tijuca
Santos
Pedra da Gávea
Ilha da Queimada Grande

Photo credits

Getty Images

4/5 Grafissimo; 6/7 Mark Meredith; 10/11 Edson Vandeira; 12/13 Edson Vandeira; 14/15 Michael Marquand; 16 Global_Pics; 20 Viviane Ponti; 22/23 hanohiki; 24 FG Trade; 25 Ricardo Lima; 26/27 Rafael Dantas Dantas/ EyeEm; 29/30 marstockphoto; 32/33 odmeyer; 35/36 Aziz Ary Neto; 37 Nick Dale/ 500px; 46/47 agustavop; 48 KRyder17; 50 jsdeoliv; 51/52 GTW; 54/55 Fred_Pinheiro; 56 Mark Carwardine; 57 Schafer & Hill; 58 Zocha_K; 60 Ricardo Lima; 61 Ricardo Lima; 64/65 Fred_Pinheiro; 66 numismarty; 68/69 reptiles4all; 70 ppl58; 71 Olivier Schram/ 500px; 74 RICARDO STUCKERT; 75 Kevin Schafer; 76/77 AIFEATI; 84 Al Rod; 85/86 Alatom; 88 benedek; 90 Paulo Amorim; Brasil2; 91 Paulo Amorim; Zé Barretta; 92 luoman; 93 luoman; 94/95 luoman; 96 Roman_Rahm; 97 Diego Lezama; 98/99 Roman_Rahm; 100 Ricardo Lima; 101 luoman; 102 Grafissimo; 103 TinaFields; 104 Ricardo Lima; 106 Priscila Zambotto; Janine Bergmann; jaboticaba; 107 Ricardo Lima; DircinhaSW; Fred_Pinheiro; 108/109 cokada; 110 Sune Wendelboe; 111/112 Sune Wendelboe; 113 fotoember; 118 Jose Augusto Rondon Ribeiro; 119 Kcris Ramos; 122 Roman_Rahm; 124/125 elzauer; 126 elzauer; 127 elzauer; 128/129 Aziz Ary Neto; 130/131 Aziz Ary Neto; 132/133 Aziz Ary Neto; 134/135 Global_Pics; 136 Fernando Bueno; 137 Photo Patrick Altmann; 138/139 Global_Pics; 142/143 Giovani Cordioli; 144 leofrancini; 145 João Vianna; 146/147 Joao Carlos Barbosa; 148/149 FerreiraSilva; 150 Isaac Libório; 151 Lelia Valduga; 152/153 zoroasto; 154 FerreiraSilva; 155 FerreiraSilva; 158 Carla Siqueira; 159 zoroasto; 160/161 luoman; 162 Jaim Simoes Oliveira; 163 Ruy Barbosa Pinto; 164/165 luoman; 166/167 luoman; 168 Anderson Alcantara; 169 Rodrigo Bread/ EyeEm; 172 ueberkunst; 173 filipefrazao; 174/175 luoman; 176/177 Joas Souza Photographer - joasphotographer.com; 178 Posnov; 179/180 R.M. Nunes; 181 MarcosMartinezSanchez; 182 Debora Rodrigues/ FOAP; 183 Fred_Pinheiro; 185 Westend61; 186/187 Richmatts; 188 PeskyMonkey; 189 Fred_Pinheiro; 192 Eli K Hayasaka; Feifei Cui-Paoluzzo; ribeirorocha; jaboticaba; vbacarin; casadaphoto; 193 Moskow; CarlaNichiata; Fred_Pinheiro; jaboticaba; 194 zoroasto; 195 Ricardo Cosmo; 196/197 golero; 198 Global_Pics; 199 golero; 200/201 golero; 203 Vinicius Fonseca; 204/205 PurpleImages; 206 diegograndi; 207 StockLapse; 211 agustavop; 216/217 Fandrade; 218 Edson Vandeira; 219/220 Vitor Marigo/ Aurora Photos; 221 tirc83; 222/223 vitormarigo; 224/225 FG Trade; 228 Hiroyuki Matsumoto; 229 Janine Bergmann; 230 Markus Daniel; DircinhaSW; 231 WaveFaber Photography; 231 Ruy Barbosa Pinto; 232/233 Theo Allofs; 234 Theo Allofs; 235 Alexandr Sanin; 238/239 Jami Tarris; 240/241 Walter Stein; 244 MikeLane45; 245 Edson Vandeira; 248 Edson Vandeira; 249 Ben Cranke; 250/251 BirdHunter591; 256/257 Theo Allofs; 260/261 Sloot; 262/263 Alex Saberi; 268 Samuel Betkowski; 269 Samuel Betkowski; 270/271 Matthias Graben; 274 Ricardo Lima; 275 Ricardo Lima; 278 Holger Leue; 284/285 Cristiano G; 288/289 Cristiano G; 292 golero; ribeirorocha; Igor Alecsander; 293 Rasa Nabažaitė; Rebeca Mello; Luiz Henrique Mendes; aleo79; Pollyana Ventura; 300/301 pabst_ell; 310/311 Igor Alecsander; 312 chang; Rudi Sebastian; fitopardo.com; DianaLundin; alffoto; dolphinphoto; TinaFields; terra24; jaboticaba; Sidney de Almeida; 314/315 Carlos Alkmin; 316 Priscila Zambotto; 317/318 cifotart; 319 Bambu Productions; 320/321 Alex Saberi; 322/323 FG Trade; 324/325 Alex Saberi; 328/329 Flavio Veloso; 330/331 Flavio Veloso; 332/333 Alex Saberi; 334/335 pabst_ell; 336 Ricardo De Mattos; 337 Vitor Marigo/ Aurora Photos; 338/339 Joao Carlos Barbosa/ 500px; 342/343 Vitor Marigo; 348/349 LucVi; 353 FLAVIO BENEDITO CONCEIÇÃO; 354 Ricardo Lima; Paulo Amorim; Rebeca Mello; 355 Flavio Coelho; Tacio Philip Sansonovski/ EyeEm; 359 Theo Allofs; 360/361 StockLapse; 362/363 Stanley Chen Xi, landscape and architecture photographer; 364 microgen; 365 Angelo Cavalli; 366/367 microgen; 368/369 diegograndi; 372/373 Vitor Marigo/ Aurora Photos; 376 Vitor Marigo/ Aurora Photos; 378 Alexander Spatari; Angelo Cavalli; Westend61; 379 Nikada; dabldy; 381 Marcelo Nacinovic; 382 joSon; 383 Daniela Ferraz/ EyeEm; 384/385 RPBMedia; 386 Ze Martinusso; 388 Ruy Barbosa Pinto; 389 skyNext; 396/397 Flavio Veloso; 398/399 Ze Martinusso; 400 Evans; Raymond Reuter; Sophie Elbaz; 401 Antonio RIBEIRO; Raymond Reuter; 402/403 Ultima_Gaina; 404/405 isitsharp; 408 Tony Burns; 409 C. Quandt Photography; 410/411 Karol Kozlowski; 416/417 FernandoQuevedo; 420/421 Richard I'Anson; 425 Joel Carillet; 426 Richard I'Anson; 428 PeopleImages; 429 YES BRASIL; Global_Pics; SamyStClair; 430/431 Vitor Marigo/ Aurora Photos; 432 Mark Meredith; 434/435 SinghaphanAllB; 436/437 Alex Robinson Photography; 438/439 Global_Pics; 440 luoman; 441 Image by Ramesh Thadani; 442/443 Evandro Badin -; 444/445 DircinhaSW; 446/447 DircinhaSW; 448/449 Jolkesky; 450/451 Paulo Hoeper; 452 aislan13; 453 Roy JAMES Shakespeare; 454/455 agustavop; 456/457 Lucas Lenci Photo; 458/459 agustavop; 460 Jaim Simoes Oliveira; 461 stevegeer

Huber Images

226/227 ; 230 Antonino Bartuccio, 293 Lisa Linder

Laif

89 Dietmar Denger

Mauritius Images

2 Mint Images; 19 BrazilPhotos.com/ Alamy; 28 Minden Pictures/ Luciano Candisani; 31 Alamy/ Christian Wilkinson; 34 Alamy/ Sébastien Lecocq; 42 Alamy/ Nataly Mayak; 43 Alamy/ DSGNSR; Alamy/ Jacques Jangoux; Alamy/ John Baran; 44/45 Danita Delimont; 53 Alamy/ Paralaxis; 59 Hemis.fr; 62/63 Mint Images/ Frans Lanting; 67 Panther Media GmbH/ Alamy; 72/73 imageBROKER; 78 Picfair; 79 Danita Delimont; 80 Alamy/ ArteSub; 81 Alamy/ ArteSub; 82/83 Alamy/ Marcos Mello; 87 Christopher Ison/ Alamy; 105 Alamy/ Ricardo Beliel/ BrazilPhotos; 116 Alamy/ DEA/ S. RENIS; 120/121 Alamy/ Maria Grazia Casella; 123 Alamy/ Felipe Goifman/ BrazilPhotos; 184 Alamy/ Jan Sochor; 202 Minden Pictures/ Luciano Candisani; 214/215 Alamy/ Fernando Quevedo de Oliveira; 231 Alamy/ Paul Taylor; 231 imageBROKER/ Michael Runkel; 231 United Archives/ Rudolph; 242/243 age fotostock/ Berndt Fischer; 246/247 Minden Pictures/ Kevin Schafer; 254 Lou Avers; 255 Masterfile/ Jeremy Woodhouse; 258/259 nature picture library/ Wim van den Heever; 264 Alamy/ Galopin; 265 Alamy/ Galopin; 266/267 Alamy/ Renato Granieri; 272/273 Agencia Brasil/ Alamy; 274 Worldwide Picture Library/ Alamy; 275 age fotostock; Worldwide Picture Library/ Alamy; 276 Worldwide Picture Library/ Alamy; 277 Worldwide Picture Library/ Alamy; 278 Eye Ubiquitous/ Alamy; BrazilPhotos/ Alamy; age fotostock; 279 BrazilPhotos/ Alamy; age fotostock; Worldwide Picture Library/ Alamy; 280 Eye Ubiquitous/ Alamy; BrazilPhotos/ Alamy; age fotostock; Eye Ubiquitous/ Alamy; 281 BrazilPhotos/ Alamy; Eye Ubiquitous/ Alamy; age fotostock; 282 age fotostock; 283 age fotostock; BrazilPhotos.com/ Alamy; 292 foodcollection/ Hans Gerlach; 308/309 Alamy/ EduardoMSNeves; 350 John Warburton-Lee; 378 John Warburton-Lee; 378 John Warburton-Lee; 379 Lazyllama/ Alamy; Cultura; 380 ITPhoto/ Alamy; 387 Alamy/ South America; 390 Alamy/ Chris Pratt; 391 Alamy/ mikolajn; 392 Alamy/ South America; 393 Alamy/ Cyril Hou; 400 Alamy/ Allan Cash Picture Library; 408 dieKleinert/ Agostino Natale; imageBROKER; photononstop/ Frederic Soreau; 409 Alamy/ Karl Thomas; 412/413 John Warburton-Lee/ Alex Robinson; 418 Alamy/ Peter M. Wilson; 422/423 Alamy/ Keren Su/China Span; 424 Alamy/ Peter Widmann; 427 Alamy/ Peter M. Wilson; 428 Alamy/ Jan Sochor; 429 Alamy/ XTPgreyscape

Shutterstock

8/9 vitormarigo; 38 baron_cotes_due_rhone; 39 MasterQ; 40/41 Opayaza12; 42 AMEFOTOGRAFIA; hbpro; Natalia Zhabalieva; vitormarigo; 43 Pedro Hamilton Oliveira; 43 Roney Lucio; 43 Ulchiva; 49 Ludmila Ruzickova; 106 Adriana Machado; buteo; 107 Eder Maioli; N. Antoine; 114 josereisjr; 115 Erica Catarina Pontes; 117 Marco Britto; 140/141 Breno Pessoa; 156/157 Zoroasto; 170/171 SergioRocha; 190/191 Emily Kant; 192 Paul_Brighton; 193 AS Food studio; Jaboticaba Fotos; 208/209 Ticiana Giehl; 210 Marcos Amend; 212/213 Ticiana Giehl; 236 reisegraf.ch; 237 Lucas Leuzinger; 252/253 Rodrigo S Coelho; 286 EAFO; 287 Eduardo Menezes; 290 Alexandre Siqueira; 291 EAFO; 294/295 Daniel Andis; 296/297 Eduardo Menezes; 298 Leonardo Mercon; 299 Leandro Marques; 302 Eduardo Menezes; 303 Eduardo Menezes; 304/305 Eduardo Menezes; 306 Leonardo Mercon; 307 Eduardo Menezes; 326/327 Klaus Balzano; 340 Breno Pessoa; 341 vitormarigo; 344/345 vitormarigo; 346/347 Rodrigo S Coelho; 351 buteo; 352 Simon Mayer; 354 Jobz Fotografia; lazyllama; 355 Horacio Selva; juerginho; Kcris Ramos; Rommel Nobrega; 356/357 vitormarigo; 358 Leo Francini; 370 marchello74; 371 Dariush M; 374/375 Fred S. Pinheiro; 377 Pedro Teixeira; 378 SaltySnow Photography; 379 Dan Baciu; 379 LUCIANA MELO; 394 vitormarigo; 395 vitormarigo; 406 marchello74; 407 dani shlom; 408 Bricolage; Jefferson Bernardes; 409 CP DC Press, Donatas Dabravolskas; 414, 415, 419, 428 A.PAES; 433 vitormarigo

KÖNEMANN

www.koenemann.com

6, rue du Mail – 75002 Paris
www.victoires.com
Dépôt légal : 3e trimestre 2024
ISBN: 978-2-8099-2133-5

Series Concept: koenemann.com GmbH

Responsible Editor: Jennifer Wintgens
Picture Editing: Katja Sassmannshausen
Layout: Melanie Knaus
Colour Separation: PrePress, Cologne
Text: Ellen Spielmann
Translation into French: Véronique Valentin
Translation into English, Spanish, Portuguese and Dutch: koenemann.com GmbH
Maps: Angelika Solibieda

Printed in China by Shyft Publishing / Hunan Tianwen Xinhua Printting Co., Ltd.

ISBN: 978-3-7419-3673-9